ÉDOUARD CORTÈS

Voyageur ou berger, Édouard Cortès est d'abord écrivain. Il est l'auteur de plusieurs best-sellers dont *Paris-Saigon* (Presses de la Renaissance, 2005 ; Prix des Explorateurs de la Société de Géographie) et *Un chemin de promesses* (XO Éditions, 2008 ; Pocket, 2010). *Par la force des arbres* a paru aux Éditions des Équateurs en 2020.

PAR LA FORCE DES ARBRES

ÉGALEMENT CHEZ POCKET

UN CHEMIN DE PROMESSES

PAR LA FORCE DES ARBRES

ÉDOUARD CORTÈS

PAR LA FORCE DES ARBRES

ÉQUATEURS

#lisez!
engagé
www.lisez.com
Pour plus d'information :
Imprimé sur du papier issu de forêts gérées durablement.

ISBN : 978-2-266-32006-1
Dépôt légal : mars 2022

À Mathilde.

Pour mes enfants.

« C'est que l'amour est comme un arbre, il pousse de lui-même, jette profondément ses racines dans tout notre être, et continue souvent de verdoyer sur un cœur en ruine. »

Victor Hugo, *Notre-Dame de Paris*.

Que rendre à la vie quand elle nous cogne ? Malgré les plaies vives, il faut pourtant riposter. Répondre à cette force démesurée avec les moyens sous la main. J'ai essayé de l'atteindre par la sève et la ramure d'un chêne. Au milieu des frondaisons et des lichens, j'ai cherché une respiration neuve. J'ai usé de l'arbre pour percer une trouée dans l'existence. Un destin d'homme tenté par la voie du chêne : tutoyer les étoiles, enlacer de ses branches ceux que l'on aime, plonger ses racines dans la terre pour ne pas perdre pied. Me transformer en homme-arbre, enfin.

1

À six mètres, je vis seul dans les branches d'un chêne. C'est le printemps. J'ai poussé la trappe qui m'ouvre le pays sylvestre. Épaisse, ronde, elle est découpée dans le parquet, quasiment invisible une fois fermée derrière moi. Je suis entré dans ma cabane pour un long séjour de silence. Perché dans un arbre, j'ai la ferme intention de renaître avec lui. Je vais nicher dans cette cachette construite de mes mains. Entre quatre branches, l'abri de bois et de verre me protège des regards et du bruit. Un lieu rare. Inespéré dans mon état. Je me sentais fatigué du monde d'en bas et de moi-même, je suis donc monté là-haut. Les autres, sans doute aussi, s'étaient lassés de moi. J'entreprends une métamorphose à l'ombre des forêts. Je veux voir à hauteur d'arbre.

Ce 21 mars, au matin, j'ai étreint ma femme et mes enfants, enfilé mes bottes, supprimé mes comptes sur les réseaux sociaux, envoyé promener mille cinq cents amis invraisemblables pour en garder quatre ou cinq vrais. Sur ma messagerie électronique, j'ai programmé une réponse d'absence. J'ai laissé mon téléphone à la maison, pris mon couteau et suis parti en forêt.

À presque quarante ans, j'ai beaucoup de doutes sur mes certitudes et peu de convictions sur mes illusions. Éloigné des hommes, je suis décidé à arracher tout ce lierre qui m'étouffe. Quand la mort approchera, j'aimerais pouvoir répondre sans crainte à cette question : « Ai-je eu assez d'audace pour suivre mon étoile ? »

Mon chêne n'est pas un colosse de Tronçais, mais il aurait fait une belle poutre à Notre-Dame de Paris dans feu sa charpente, dite « la forêt ». C'est un arbre puissant, dominant tous les autres par l'âge et la hauteur dans un massif forestier du Périgord. Mes bras ne font pas le tour de sa large taille. Une branche maîtresse pousse sa cime à une quinzaine de mètres. Je l'ai aimé d'instinct pour le charme de son port presque cavalier : calme, élancé, droit.

Il fait figure de grand-père à côté de ses proches qu'il surpasse tous. Élevé sur les derniers contreforts du Massif central, peut-être a-t-il entre cent vingt et cent quarante ans. C'est dire sa sagesse. Un doyen solidement ancré dans le causse calcaire. Il a démarré sa vie, frêle plantule, au temps où Pasteur inventait des vaccins, a été jeune pousse quand s'élevait la tour Eiffel, étendu ses bras dans les fracas de Verdun puis d'Hiroshima. Adulte, il s'épanouit au temps d'Internet et du *big data*, lui le maître de la légèreté et de l'enracinement.

Sa force et son harmonie me rassurent. Couronné d'une dense ramure, il trône au point haut d'une colline à deux cent quatre-vingts mètres. Je me soumets à ses lois naturelles. Il m'ouvre son royaume.

Noir, couleur d'un des plus beaux coins de France. Le Périgord noir, ancien comté qui doit sa coloration aux arbres. Les chênes se teintent de nuit et composent l'hiver des forêts sombres qui s'enchantent à midi. Les lauzes des toits des maisons se griment aussi de cette palette. Au pays de Cro-Magnon, des grottes de Lascaux, des châteaux de la Dordogne, au pays de La Boétie, de Montaigne, des pommes de terre sarladaises, du monbazillac, mon idée de vivre reclus dans les houppiers, loin de ces délices terrestres, peut paraître scandaleuse. Je ne connais aucun endroit au monde où en période de crise on hésite, quand il faut se serrer la ceinture, entre la truffe et le foie gras.

Toute une civilisation est née dans l'humus des chênes du Quercy : c'est à leurs racines que se cache la truffe noire que j'aime à caver avec mon chien. C'est dans ce berceau de France, celui des souterrains médiévaux du Paluel, de la Vierge noire de Rocamadour, des duels du hussard Fournier, de Tounens roi de Patagonie, des expéditions de Larigaudie, des noix et des arbres truffiers que j'ai planté mes souvenirs d'enfance.

Les faunes et les sylvains m'ont lié au pays de *De la servitude volontaire*. Cet ancrage m'a-t-il accordé une certaine latitude dans mes chemins ? La lecture de La Boétie m'invite à plonger dans le vert. Le chêne, pas les chaînes.

2

Je viens de vivre deux années aussi noires que le nom de cette contrée. Sept ans au bout du compte comme berger et éleveur de brebis ; une journée pour liquider le troupeau. J'ai échoué bien que n'étant pas, je crois, un si mauvais pâtre. L'aventure paysanne s'est clôturée par une débandade. J'observe maintenant, du haut de mon arbre, ce déluge avec sourire : les dettes, difficiles à rembourser, se sont accumulées, je me suis fâché avec ma famille pour des questions de terre, noyé dans les dossiers de subventions et les paperasses qui asphyxient tout éleveur français. J'ai le dos en morceaux, épuisé par la tâche.

Me reste un sentiment qui frôle l'arrogance : j'ai osé l'aventure. Mais l'audace d'entreprendre ne console pas du sinistre. Me reste le plus précieux : ma femme et mes enfants. Je les ai entraînés dans le naufrage. Je m'en sens coupable.

Quelle folie donquichottesque que le destin de berger ! La vie d'un éleveur français est un archaïsme aussi burlesque que notre chevalier errant à l'heure où les hypermarchés déversent des flots d'agneaux du marché mondialisé, à l'heure où le consommateur ne connaît plus le labeur ni le coût réel de la côtelette qui tombe toute cuite dans son assiette. De la fourche à la fourchette, du grain au pain, du pâturage au laitage, nos liens sont rompus.

Je me suis rallié à l'avis de Houellebecq dans *Sérotonine* : « Ce qui se passe en ce moment avec l'agriculture en France, c'est un énorme plan social, le plus gros plan social à l'œuvre à l'heure actuelle, mais un plan social secret, invisible, où les gens disparaissent individuellement, dans leur coin, sans jamais donner matière à un sujet pour BFM. »

La vie agricole m'a rendu plus lucide sur le monde. La désunion d'avec les forêts et les champs a engendré une hydre à deux têtes : la révolution verte et la déesse terre. La prédation comme l'adoration du vivant découlent toutes deux de nos séparations avec la nature. Cette bête postmoderne me terrifie. Elle dévore et va tout dévorer, les hommes qui se prennent pour des dieux comme ceux qui se prennent pour des bêtes.

* * *

Je me souviens, c'était ma première année d'installation agricole. Mon troupeau était-il parasité ? Il était mal en point. Il fallait faire des analyses. Les virus comme la « petite douve » ont des stratégies improbables pour durer. Une fourmi, atteinte du mal, se sacrifie pour ne pas contaminer le reste de la fourmilière. Le virus la rend folle, prend le contrôle de ses mouvements et l'oblige à grimper au bout d'un brin d'herbe. Là, elle attend les moutons, comme un samouraï, prête au sacrifice. Si elle se fait croquer, la petite douve voyage dans la brebis pour se retrouver dans les prairies. Les mères atteintes au foie ont moins de lait, les agneaux en meurent parfois.

Inquiet, je fis venir le vétérinaire. Il partait à peine quand arriva un contrôleur de la Politique agricole commune. Une après-midi de vérifications armé de formulaires à remplir. Que dire à ce contrôleur, au demeurant fort gentil, m'expliquant que mes aides agricoles étaient peut-être compromises ? Tout était en règle, papiers et brebis, mais sur l'ensemble du troupeau il manquait une boucle à l'oreille gauche du bélier. Seule la droite en portait une.

— Vous ne rentrez pas tout à fait dans les cases, me dit-il.

— Je le prends comme un compliment !

* * *

L'été dernier, j'ai liquidé la ferme et vendu mon troupeau. La douleur me brûle encore aujourd'hui. J'ai autant de mal à y penser qu'à l'écrire. En quelques minutes, les bétaillères ont englouti les brebis que j'avais guidées, soignées, agnelées, biberonnées, protégées. Une lassitude s'était installée. Je n'avais pour ma vie et celle des autres, pour le monde, plus aucun goût. J'étais moi-même un berger devenu brebis égarée.

Les bureaucrates et adeptes du divan ont recours à l'anglais « *Burn out* », pour désigner un mal vieux comme l'humanité. L'acédie me convient mieux, cette mélancolie de l'âme qui comme une sangsue vide de l'espérance, du sens de l'existence. L'âme selon Aristote, souffle de la vie. J'étais à bout de souffle. À la moitié du chemin d'une vie, j'étais en proie à ces démons. Au fil des jours, j'accumulais dans mes pensées plus de raisons de mourir que de vivre.

Mon âme était aux prises avec les harpies dans la forêt fangeuse que je traversais.

Que faire pour ne pas avoir une âme rabougrie ? Il fallait combattre illico cet hiver intérieur. Mon combat est celui des arbres : accéder au plus vite à la lumière. J'ai fait le choix des armes : vivre sobrement hors réseaux, demeurer et non recourir au dépaysement du voyage, tenir un journal.

Je me suis donc enrôlé en forêt avec trois obsessions :

– m'éloigner un temps du monde ;
– gagner la paix ;
– tourner la page.

3

Février. Un mois et demi plus tôt

L'idée de l'arbre m'a été soufflée par Cyrano. Je relisais un soir Rostand, m'attachant à la bravoure de son cadet de Gascogne comme à une caresse. Dans la dernière scène, il agonise. Il ne veut personne pour le soutenir. Étrange mécanisme de la mélancolie : plus on glisse au fond du gouffre, moins on accepte les cordes lancées par les amis. Le seul recours que M. de Bergerac s'autorise, c'est un tronc. Pour appuyer ses alexandrins, il touche l'écorce et trouve l'énergie des derniers vers :

CYRANO *est secoué d'un grand frisson et se lève brusquement.*
— Pas là ! non ! pas dans ce fauteuil !
On veut s'élancer vers lui.
— Ne me soutenez pas ! — Personne !
Il va s'adosser à l'arbre.
Rien que l'arbre !

3 février

Au matin, j'avais filé vers la forêt, à dix kilomètres de chez nous. Un seul objectif : trouver mon arbre. J'agissais par habitude, selon mon principe : penser l'action, vivre comme je pense.

Cette forêt, je la connais bien pour m'y être perdu. J'y ai construit mes premières huttes, pêché des têtards, tendu des tyroliennes, approché mes premiers cerfs, taillé mes arcs, fumé des lianes, tiré au fusil, coupé dans les noisetiers mes bourdons de pèlerin. Cette forêt me donne envie de rentrer en France quand je voyage loin, celle où je suis revenu pour devenir paysan. Là où j'ai commencé à rebâtir une ferme en ruine pour mettre à l'abri ma famille.

J'aime les forêts de manière animale. À quinze ans, j'avais pris grolles et boussole et marché seul sans varier de mon azimut. Est-ce pendant ces deux nuits lunaires à avancer sans lampe qu'est né mon sens animal ?

Au cours de mes aventures nomades, j'ai parcouru à travers le monde des milliers de kilomètres sous l'ombre de la sylve. Depuis que je suis devenu berger, j'ai passé, en compagnie des brebis, des journées sous les houppiers protecteurs. J'ai eu la chance de conduire deux troupeaux en sylvo-pastoralisme. Des brebis solognotes sous une forêt alluviale le long du fleuve Loire. Des brebis caussenardes sous les chênaies d'un causse aux abords de la rivière Dordogne, ici même.

Comment choisir un arbre quand j'en admirais tant ? Cet appel de l'arbre était une nécessité. Moyen honorable de conjurer mon sort ! La meilleure manière de vivre les choses qui nous pèsent est de les prendre à la légère. Pour changer mes pensées, il fallait changer d'air : les arbres dégagent de l'oxygène.

La forêt n'est-elle pas le dernier lieu de la tranquillité absolue ? Dans cette France couverte désormais d'un tiers d'arbres, que Jules César appelait à raison la « Gaule chevelue », chaque être qui aspire à prendre la tangente peut facilement choisir un arbre ou un coin de forêt pour quelques heures ou quelques jours de paix.

Je cherchais une cachette sauvage. Une thébaïde où faire un jeûne des hommes et une cure sylvatique. Réfugié dans son tonneau, Diogène recherchait l'homme honnête. Je me demande s'il se trouve encore quelques êtres de caractère, indomptés par le profit, la modernité et le confort.

* * *

Béret de berger sur la tête, j'ai cavalé cinq jours dans les coteaux rocailleux, fonçant dans les taillis de fragons, déchirant mon pantalon dans les ronces. J'ai observé les chênes des replats, les grands hêtres des fonds de combe. Je prospectais dans les sous-bois, Lamartine en tête :

> Mon cœur, lassé de tout, même de l'espérance,
> N'ira plus de ses vœux importuner le sort ;
> Prêtez-moi seulement, vallon de mon enfance,
> Un asile d'un jour pour attendre la mort.

Je l'ai reconnu de loin. Mon chêne. Il m'avait déjà intrigué par sa prestance quand je menais mon troupeau des prairies grasses à l'enclos hivernal. Une de ses branches, longue et charpentière, m'avait même sauté aux yeux comme pour se faire remarquer.

On pouvait aisément y attacher une corde en surplomb du vide.

Il est différent des arbres alentour. Eux ont fusé en groupe vers le ciel. Ils ne présentent que des houppiers resserrés et des troncs maigres sans l'ombre d'une branche inférieure. Lui, plus vieux, plus éclairé, s'est étalé seul pendant des années. Cela le rend unique.

Ses larges branches ont poussé horizontalement, sans la gêne de voisins. Puis la concurrence est venue. Ses branches se sont alors dressées à la verticale pour ne pas perdre le combat de la lumière. Ces bras levés vers le ciel crient victoire. Les quatre ramures évasées de la couronne offrent une fondation aérienne idéale.

J'ai lu dans son port original les pâtres venus nourrir les brebis sur la lande maigre. On avait dû souvent profiter ici de son ombre. A-t-il donné des truffes ? C'est peut-être pour cette raison qu'il n'a pas été découpé en poutre, merrain de barrique ou cercueil.

J'ai vu dans ses branches un peu de l'histoire de France. Il a échappé aux hommes des bois qui avaient charbonné dans ce massif. À la déprise agricole, les forêts ont pris d'assaut le pays. La tragédie paysanne a au moins l'élégance de laisser place aux arbres.

Sans pastoralisme, les fruits de mon chêne avaient germé. Après un millénaire de paysage jardiné par les hommes, le sauvage retrouve ses lois. La forêt, délicatement, a tiré une couverture verte sur ce causse dénudé.

Le lendemain, un événement m'a conforté dans l'élection de mon arbre. (Quand j'écris « mon arbre », c'est par affection, il est évident que je ne le revendique pas. Personne, même propriétaire, ne peut posséder un arbre.) Il avait gelé pendant la nuit.

Les feuilles de lierre, étoiles de givre, pendaient aux écorces. M'avançant vers le chêne pour prendre ses mensurations, j'ai surpris deux cerfs couchés. Ils se sont levés précipitamment. Face à face. L'un avait déjà perdu ses bois, l'autre portait encore six andouillers largement ramifiés. La vision des cerfs agite en moi l'archaïsme du chasseur néolithique. Ce que j'admire dans leur puissance et leur noblesse, c'est la grandeur des paradis secrets. Ils portent des branches sur la tête.

J'ai suivi leur fuite sur une coulée. Sur l'étroite piste, j'ai trouvé quelques fumées. Plus loin, la marque de leurs dents ciselait une branche cassée. Ils avaient raclé l'écorce avec application, espérant déguster dans le tanin du chêne un grand cru.

Des monts comme celui-ci offrent une villégiature hivernale aux cervidés. Ils aiment eux aussi dominer les vals. Un peu plus tôt en novembre, une harde d'une dizaine de cerfs s'amusaient à saute-mouton en passant mes clôtures. La forêt résonnait de leur brame. Je savais proche le départ des élaphes. Les cerfs quittent les lieux au printemps pour je ne sais quel territoire. Ils reviennent à l'automne, suivant invariablement le balancier des saisons et des naissances.

C'est ainsi que certains de nos ancêtres avisés choisissaient la position de leur demeure. Après avoir observé où le bétail aimait à passer régulièrement la nuit, ils bâtissaient à cet emplacement. Ils n'ignoraient pas que la terre, les failles, les nappes, les sources et les vents offrent selon les endroits des forces favorables à l'existence. Cela ne relevait pas de la croyance. Ils empruntaient aux animaux leur perception affinée des mystères naturels. Les hommes ne vivaient pas de la nature car ils étaient dans la nature. Petite voie que je tente de suivre.

Les cerfs avaient élu le pied de mon chêne comme tapis pour leurs combats, comme lit pour leurs ébats. Ils avaient dormi à son collet. Bâtir ici était désormais une évidence. J'ai grimpé. Pris mes mesures entre quatre branches charpentières sans même savoir si j'étais capable d'un tel ouvrage. Je me savais doué pour tout en général, pour rien en particulier.

4

— Dire que j'ai failli les mettre à la déchetterie, m'a dit la femme à qui je tendais cent cinquante euros.

Elle a enfourné les billets dans la poche de sa blouse à fleurs.

— Elles font un heureux, madame.

Je venais d'acheter d'occasion douze fenêtres en chêne à petits carreaux.

— Mon mari les avait fait faire par un menuisier, de Ribérac je crois. Ça remonte à l'après-guerre… Je suis seule, maintenant. Mes enfants passent peu, mais depuis que j'ai l'Internet ils m'envoient des photos. C'est toujours ça.

Ces fenêtres de solide facture allaient m'offrir la plus belle des orangeries aériennes. Ma vendeuse se réjouissait de ses nouvelles huisseries double vitrage, posées avec les aides de l'État. Ça rassurait ses enfants de la savoir au chaud.

Le double vitrage, comme Internet, doit atteindre toutes les chaumières. Isolation et connexion arrivent ensemble dans les maisons. « Isolez-vous, braves gens ! », vantent les propagandes. Plus l'homme se connecte, plus il s'isole. Plus nous avons chaud, plus nous sommes seuls.

Moi, elles me réjouissaient, ces fenêtres à petits carreaux. Bouvetées, chevillées, avec des crémaillères manuelles en fonte. Bien entretenues, elles pouvaient durer des siècles.

En quittant les lieux, j'ai passé la porte d'entrée aux jambages de pierre moulurée. Le linteau ocre en forme d'arbalète inversée signait le XVe : monolithe surmonté d'une croix où se lisait IHS.

— Votre maison est gothique ?

— On m'a toujours dit qu'elle était d'époque !

— Tout est d'époque, oui ! Mais laquelle ?

Avec leur épais montant de polymère blanc, les nouvelles huisseries balafraient le charme de cette ferme périgourdine. Les PVC avaient été encastrés en taillant les pierres à la disqueuse.

* * *

Fin février, j'ai démarré la construction de la cabane. Cela m'a pris un mois. Groupe électrogène, scie sauteuse, tronçonneuse, ponceuse, rabot, visseuse : mon matériel agricole trouvait un nouvel usage. Construire une cabane à mon âge relevait de la magie : avoir les moyens et la force d'un adulte pour réaliser un rêve d'enfant. Je n'ai pas d'aptitude pour la menuiserie, si ce n'est mon amour du bois. J'ai donc suivi avec application mes plans. J'ai œuvré seul la plupart du temps, cinq à sept heures par jour.

Ma cabane est une tentative maladroite de reconstruire ce qui est brisé en moi. Un pas en avant par un pas de côté. À chaque planche, à chaque longeron vissé, je me répétais : « Ça avance bien, tu sais encore faire quelque chose. » Puisque le Verbe se fait chair, la parole intérieure accorde des mains.

Pierre, un ami, est venu une journée m'aider à fixer les rondins, future armature de la plateforme. Les prémices allaient bon train. Suant, jurant, j'étais encordé dans les ramures. Nous tirions sur les cordes. Deux mastodontes en acacia grimpaient de quelques centimètres à chaque effort. Nous scandions des « han » à chaque coup de reins comme des gabiers hissant la grand-voile.

Le fouet cinglant des bourrasques d'hiver avait faibli. Un vent doux nous était favorable. Les deux premiers rondins fixés, nous nous sommes assis dessus. Nous buvions à la gourde, les jambes pendantes dans le vide comme des mousses sur une vergue au-dessus d'une mer calme de lierre, de mousse et de houx fragon.

— Elle va faire combien de mètres carrés, ta cabane ? m'a demandé Pierre.

— Six mètres carrés à peu près. Plus un lit en mezzanine en sous-branche et peut-être une terrasse.

— Et tu vas faire quoi dans ton perchoir ? Tu n'as pas peur de t'ennuyer ?

— Je vais explorer mon arbre. Ce sera toujours mieux que de tourner en rond en déprimant à la maison.

— Tu me fatigues. Ton désespoir est une posture.

— Au moins ça tient encore debout, une posture. Et puis c'est pas du désespoir… Je crois que c'est pire, de la désespérance, peut-être ?

— Dans le genre optimiste, on fait mieux, c'est vrai. Allez, sois plus positif. Dans quelques mois ça ira mieux.

— Ah non, pas toi, quand même, tu ne vas pas me servir cette sauce ? Tu sais ce que pensait Bernanos de l'optimisme : « une fausse espérance pour les lâches et les imbéciles ». Je suis bien d'accord : l'optimisme est un suppositoire de paillettes administré aux constipés du bien-être. C'est le grand truc du moment. Dès que tu n'es pas tout feu tout flamme, t'as toujours un docteur ès bonheur ou un ami pour t'offrir un petit suppo de pensée positive.

— Ça va, détends-toi, justement !

— Je connais la chanson : bienveillance et résilience pour ne pas finir tout rance. Merci bien ! Avec ça, tu as obligation pour ne pas déprimer ton entourage de parler comme un *smiley* et de péter des étoiles filantes. C'est dingue, ça, cette obligation de paraître tout le temps heureux. C'est gentil, ces trucs, mais ça ne marche pas. J'ai essayé, je t'assure. Quand t'es au fond du trou, ton étoile, tu ne la vois pas, t'essayes juste déjà de te souvenir qu'elle existe.

— Oui, oui, c'est bon, t'emballe pas. Mais t'es sacrément…

— Écoute ! C'est quoi ce bruit ?

Ensemble nous avons levé la tête pour deviner entre les rameaux sans feuilles un grand V.

— Les oies sauvages !

Trois retardataires tentaient de reprendre leur place dans la formation. Silencieux, nous admirions les grands traits de plumes s'étalant sur un bleu ciel. Chevron gris sur fond azur. L'héraldique de la nature est peuplée de symboles et de signes. Le vol des oies permit à Pierre de ne plus endurer mes jérémiades. Se succédaient battements d'ailes et cacardements. Je les aime, ces grands oiseaux.

Dans notre ferme domestique, nous avions élevé des oies du Périgord. Des dizaines, des centaines. Je repensais aux naissances d'oisons couvés par les plus maternelles, protégés par les jars, menés à la baguette par mes enfants. J'avais cuisiné leurs gros œufs sur le plat, rehaussés de sel de Guérande.

Mon arbre se place sous leurs augures, dans un grand couloir sauvage et aérien. Les migrateurs signalent que l'immuable échappe à l'emballement du monde. Les oies se dirigent aux étoiles. Je ne sais pourquoi, cela me rassure : des êtres vivants sont encore liés aux astres, non à la géolocalisation d'un téléphone portable. Les étoiles donnent le sens. Les oies sauvages en montant vers le nord annoncent la montée de sève.

En une après-midi de travail, la fondation aérienne de ma thébaïde a été solidement arrimée. Déjà les températures augmentaient. Il gelait encore la nuit mais les journées s'étiraient comme les rayons. Timides, ils chatouillaient le pied des arbres et réchauffaient le sol.

Les euphorbes, serrées en régiment, claironnaient de leurs collerettes vert pâle, lâchant dans le sous-bois leur charge hussarde de parfum. Leurs baumes musqués me parvenaient par vagues comme des embruns de batailles tandis que j'ajustais le plancher et montais les murs vitrés. Pour les plantes au sol, il fallait fleurir vite, se reproduire avant que les feuilles des arbres ne cachent le soleil.

Déjà quelques bourdons flirtaient de pétale en pistil, offrant de leur incessante valse plaisir et descendance. Le printemps en sous-bois est une course à la lumière. Il me fallait faire vite également si je voulais assister au spectacle du débourrement d'un chêne. Visser les planches du toit avec célérité pour admirer tels les Grecs les nymphes et les dryades garnir les rameaux de vert.

Un rouge-gorge m'a pris en affection durant la construction. Venant toujours par l'est, il furetait au sol puis volait sur mon chêne en gardant toujours quatre à cinq mètres de distance. Les rouges-gorges aiment la compagnie des hommes. Il me scrutait. Étais-je pour lui un intrus ? Cet oiseau d'aspect inoffensif est des plus agressifs. Pour défendre son territoire, la petite boule de plumes peut se fâcher tout rouge. Trilles effarouchés et torse bombé pour intimider l'adversaire. Si cela ne suffit pas, le duel s'engage à coups de griffes, d'ailes et de bec, jusqu'à la mort parfois.

Lorsque j'arrêtais la visseuse ou le marteau, nous nous observions longuement. Ce n'était qu'un rouge-gorge ordinaire. Mais j'ai pris le temps de m'y intéresser. Soudain, l'espace m'est apparu immense. Le temps inexistant. Sur terre, l'éternité ne dure qu'un instant.

Hormis l'absence de ma famille, tout me ravit à la perspective de vivre longuement là-haut. Mathilde n'ignorait rien de mes angoisses, échecs, écarts de route. Elle se laissait traverser par eux, en souffrait parfois mais jamais ne jugeait ni ne se plaignait. Elle est à sa manière le guide le plus fiable, comme Dante a eu Virgile ou sa muse Béatrice pour traverser les futaies obscures.

Lorsque l'idée de l'arbre m'est venue, elle y a consenti avec joie. En me laissant monter faire le singe dans un chêne, espère-t-elle que l'arbre fasse retomber l'homme, le mari et le père qu'elle a connu ?

Nos enfants venaient en forêt de temps à autre se réjouir de l'avancée des travaux. Leurs yeux brillaient dès le parquet achevé. Le chêne était un géant. Vue d'enfant, la cabane devenait inaccessible.

Tout mon bonheur est là, parmi les miens. Je le sais, le touche, l'embrasse, mais je suis incapable d'y prendre part. N'importe qui pourrait s'offusquer de mes tourments quand tant de vie exceptionnelle m'entoure. Est-ce cela l'enfer des hommes : voir l'amour sans pouvoir y communier ?

Que dirais-je à ma famille de ma chute ? Que mourir à soi-même est la chose la plus éprouvante que j'ai vécue jusque-là. La graine qui se meurt ne sait pas si elle survivra au froid pour germer. L'hiver est pour la vie une trop longue nuit.

Mon effondrement n'est pas glorieux. Il est commun, celui d'un paysan ou d'un entrepreneur traversant la Bérézina. Un classique. Cela ne permet pas de s'épancher davantage. Je n'ajouterai pas mon sac de douleur au poids du monde. Arroser de ses pleurs les malheurs du passé en fait pousser d'autres.

« Que faut-il dire aux hommes ? », s'interrogeait Saint-Exupéry avant son dernier vol. Je n'ai rien à dire aux hommes mais je sais quoi écrire à ceux que j'aime. Peut-être d'ailleurs est-ce la véritable raison de ce retrait ? Un baume de feuilles et de mots pour conjurer les maux. J'aligne sur les pages des traits avec la même énergie que j'ai construit mon refuge : partager avec les miens les petites vertus forestières.

5

16 mars

Au bout d'un mois, la cabane était achevée. Nous avons fait une fête quelques jours avant le grand départ. Je les attendais depuis mon perchoir pour le goûter. Les filles, qui avaient couru, sont arrivées les premières, suivies de leur frère.

— Papa, Papa ! hurlait mon fils en courant vers l'arbre.

À trois ans, les ronces, le houx fragon et les branches mortes représentent un parcours de petit combattant.

— Papa, Maman a trouvé…

— Chuuuut ! ont coupé d'un commun réflexe ses grandes sœurs, faut pas le dire !

— Allez, viens sous le chêne, petit. Je vais te lancer la corde. Dès que Maman arrive, elle va t'attacher et je te hisserai.

* * *

Enfant, monter aux arbres était un de mes jeux favoris. Un grand tilleul d'où je descendais la tête en bas. Les cèdres, les charmes, les hêtres : je voyageais des heures dans leurs bras ou sur leurs épaules. Mes cachettes, c'étaient déjà les branches.

Si je grimpais comme un singe, je savais aussi faire la grimace. Un jour, pendant un repas, peut-être devant un gratin de courgettes, je fus prié par mes parents de quitter la table. Je pris un if comme abri et y passai l'après-midi. Je compris qu'on pouvait, grâce aux arbres, prendre de la hauteur. Depuis ma première balançoire sous un marronnier centenaire, j'aime les arbres, éperdument. On se réfugie toujours dans les bras de ceux que l'on chérit.

J'ai nourri le rêve de construire une véritable cabane perchée. L'échec a du bon : il m'a permis de réaliser mon vœu sans avoir à justifier mes bouffonneries. Les cauchemars de la vie adulte s'estompent parfois dans les rêves d'enfance. Le songe de cabane jette pourtant un discrédit sur votre sérieux dès lors que vous envisagez sa réalisation. Se retirer quelque temps du monde fait peser le soupçon que vous ne vous y plaisez pas.

Pourquoi vouloir quitter ses semblables quand je devrais être heureux de « vivre ensemble » ? Le foot, les séries et les élections ne sont-ils pas de suffisants divertissements ?

Seuls les individus coupables sont mis « en cabane ». Vouloir s'y mettre délibérément est terriblement suspect. À l'heure où beaucoup travaillent dans des boîtes, ceux qui s'échappent sont des dissidents. Voilà pourquoi, lorsque vous parlez de construire une cabane en forêt, vous parlez d'évasion : soit on vous envie, soit on vous fusille.

* * *

— Devine ce que je viens de trouver ? m'a lancé de loin Mathilde.

Elle a brandi à deux mains la réponse comme un trophée. C'en était réellement un : celui d'un cerf.

— Magnifique !

Elle l'avait ramassé à quelques mètres de la tente d'intendance. J'avais entreposé là, dans une grosse malle métallique, des réserves de nourriture pour plus de trois mois.

— Combien d'andouillers sur le bois ?

— Six !

— Un douze-cors ! s'est exclamée une fille. Un douze-cors, Papa, tu te rends compte de la chance qu'on a !

— Montez, on va fêter ça !

— Tu as enfin installé de quoi grimper, a constaté Mathilde.

Elle avait exigé une échelle. Durant la construction, j'escaladais les six mètres en me servant du petit hêtre qui avait poussé à l'ombre du chêne. Ensuite, je marchais comme un chat sauvage sur une grosse branche pour atteindre le cœur de l'arbre. Je ne voyais pas pourquoi il fallait une échelle alors que je voulais rester perché mais j'ai souscrit à cette coquetterie féminine. Il est convenu que femme et enfants viendront tous les dimanches en forêt. À vrai dire, je ne suis pas mécontent que ma femme me supplie de la faire grimper aux arbres.

— Tâche de ne pas tomber de la cabane pendant ton séjour.

— Ça ferait une belle épitaphe.

— Tu penses à quoi ?

— Mort comme il a vécu, en chutant comme un gland !

6

Nous tenions juste. Les enfants se sont installés sur les bancs-coffres. Je me suis empressé de fermer les fenêtres pour que personne ne tombe. Tous réclamaient le tour du propriétaire. Ma cabane est un hexagone entièrement vitré. Sa forme presque ronde lui donne des airs de yourte sylvestre. Une borie périgourdine, cabane de berger, envolée dans les airs. Une grosse lanterne vitrée à six pans au bout d'un arbre lampadaire.

L'espace réduit organise la vie comme à bord d'un voilier.

Côté sud : mon bureau et un tabouret. Sur l'étagère à mi-hauteur, des bocaux de verre (pâtes, riz, sucre, noix, fruits secs), mon harmonica, des appeaux. Dehors, au soleil, le réservoir pour la douche.

Côté sud-ouest : un calendrier lunaire pour compter les jours écoulés ici-haut. Les livres. La fenêtre ouvre sur une petite terrasse triangulaire qui s'avance dans le vide. Une branche maîtresse la soutient souplement.

À l'ouest, le coin toilette : un miroir, une bassine en zinc, deux jerricans d'eau potable, un banc-coffre avec des outils.

Au nord : mon vestiaire sur l'étagère. Accrochées au parapet extérieur : les commodités. Un seau à soupirs. Un autre empli de sciure de bois récupérée durant la construction fait office de chasse d'eau.

Au nord-est, la cuisine : poêle et casserole, un deuxième banc-coffre avec la vaisselle usuelle et les condiments. À côté, une petite cuisinière à gaz.

À l'est enfin, vers le soleil levant, un oratoire sur l'étagère : un crucifix, une icône de saint David dit le Dendrite (ermite retiré dans un arbre), deux bougies, du papier d'Arménie.

Mon lit mezzanine s'élève un mètre et demi plus haut que le plancher. Il s'est lové entre deux branches. L'une, coudée, retient mon oreiller, l'autre me chatouille les pieds. Le toit et le plafond mansardés sont constitués de longues planches non délignées. Elles se chevauchent comme des tuiles sur une charpente en piquets d'acacia. Au centre du faîtage, une clef de voûte étrange : un assemblage circulaire et vitré. Une fenêtre de toit, ouvrable et assez large pour me laisser sortir. Je peux ainsi danser sur mes tuiles de bois ou fuguer dans les branches hautes quand l'envie m'en prend. Fenêtre sur le ciel pour, de mon lit, rêver les yeux ouverts. Et tous les jours ce puits de lumière inonde mon habitat, panthéon miniature à coupole de bois.

Pour m'éclairer la nuit tombée, je profite également du soleil du printemps. Sébastien, un ami éleveur sur le causse de Livernon, m'a aidé pour une petite installation photovoltaïque. J'ai recyclé les panneaux solaires et les batteries qui servaient aux clôtures électrifiées de mon troupeau. Je les ai mis dans un arbre voisin orienté plein sud. Les rayons me fournissent un petit jus qui nourrit une ampoule.

Quatre branches traversent. Partant du centre du parquet, elles s'évasent et fendent le toit dans des découpes sur mesure. L'architecture épouse les ramées. Certains aiment à embrasser les arbres, ici l'arbre m'enlace. Il embrasse l'espace et je ne m'en lasse pas.

En un mois, j'ai trouvé de quoi relever un peu la tête. La cabane n'est pas une balafre au paysage. Elle provient d'éléments organiques qui pourront retourner à la terre. J'en ai eu pour moins de sept cents euros de bois, de vitres et de vis. La plus sûre manière de réaliser un rêve, c'est d'abord de savoir tirer des plans sur la comète.

Ma retraite est belle et sobre. Elle est de taille proportionnée à l'arbre et à mes nécessités. Le jetable et le plastique, l'# et le $ n'y résident pas. L'équilibre s'y tient. « *Small is beautiful* » pourrait être inscrit sur la trappe. J'ai gravé à l'entrée une rose des vents. Les fenêtres, en six côtés cardinaux, m'offrent une vue à 360 degrés sur la sylve. La forêt et la lumière envahissent l'unique pièce. Un petit dedans ouvert sur le grand dehors. Un balcon en forêt.

Cette cabane est réussie, plus encore que je ne l'ai rêvée. Je suis un artisan étonné de ce qui a jailli de ses mains. Les branches m'ont guidé. La cabane a poussé avec l'arbre. On grandit quand on crée quelque chose qui nous dépasse.

Nous avons pendu le bois de cerf en guise de crémaillère. Les cerfs, en adieu, avaient laissé ce présent. Chaque printemps, le cerf et mon arbre ressuscitent. L'un de ses bois, l'autre de ses rameaux. Je suis un privilégié porté par les ramures. Celles d'un cerf, roi des forêts. Celles d'un chêne, roi des arbres.

Ma cabane était prête, dans cinq jours je m'y installerais. Mes enfants jouaient sur le lit avec les appeaux. En les regardant, j'ai été traversé d'une flèche : trouveront-ils, chez le père que je suis, un appui pour élever leur vie ?

PRINTEMPS

7

21 mars. 10 heures

À peine la trappe passée, j'ouvre la fenêtre du sud-ouest et mets un pied sur le parapet. Je hisse le pesant panier suspendu à la corde. J'en tire quelques bocaux stérilisés l'automne dernier : bolognaises à l'agneau, compote pommes-prunes, rillettes et confit d'oie. Je sors aussi un pain aux noix fait maison, une gourde, des jumelles et une loupe de botaniste.

Au fond du panier : un petit sac de toile. En construisant la cabane, au fil des jours, j'ai amassé une provision de glands de chêne. Certains ont déjà lancé une radicule violacée. Je les trie. Cela me prend une bonne heure. Je lance par-dessus bord les frelatés et les vermoulus. J'en étale une centaine dans une assiette et les mets à sécher dehors. Dans quelques semaines, si le soleil est au rendez-vous, ils m'offriront le parfum des forêts.

Ma deuxième tâche est l'eau. La source se cache dans le massif forestier, sur une colline voisine. La fontaine s'épanche d'une faille calcaire. J'engage mon âne pour m'aider. Fidèle compagnon. Nous avons cheminé trois mille kilomètres à travers l'Europe.

À cinq cents mètres de la cabane, il profite seul de l'enclos qu'il partageait avec les brebis. Je scelle le bât et les sacoches de cuir. Y glisse les jerricans.

À vol d'oiseau, la source est proche. Les pentes sont trop raides pour couper court. Nous prenons ce qui me paraît le plus rapide : un détour par un fond de vallée. Quinze minutes plus tard, j'atteins un léger filet d'eau claire.

Son chemin creuse une gorge dans la pierre. Les dépôts de calcaire lissent et nuancent les parois de blanc et d'ocre. La source se déverse dans deux petits bassins où grouillent les têtards. Elle se perd ensuite en forêt. Les sangliers transforment cet épanchement boueux en bauge sanitaire. Les fougères et les langues de cerf prennent d'assaut l'humidité offerte dans la chaleur du causse. Un lierre, opportun, frôle l'eau de ses lianes. Les chevreuils y boivent, signant de leurs empreintes.

Je leur emboîte le pas et remplis les bidons et l'outre qui fait office de douche. Un jerrican mal calé se renverse. Je perds de l'eau. Je soulève une pierre pour mieux l'ajuster sous le jet de la source. Une salamandre noire tachée de feu se blottit dessous. Déranger le moins possible ces bêtes du fond des âges. Je prends une autre pierre.

De retour, je me sers un verre au robinet du jerrican. Les gorgées fraîches glissent, délicieuses. Je reprends une rasade. Le chemin de l'eau en moi me fait sourire. Je penche la tête en arrière, ferme les yeux. J'inspire. L'eau a l'agréable odeur de roche et le goût de l'effort. Quelques gouttes de transpiration pour deux bidons d'eau. Trappe à trappe, il m'a fallu une heure trente pour avoir quarante litres d'eau. La source court sur l'autre versant, gratuite et pure. L'eau n'est pas courante. Elle devient précieuse par le temps que j'y accorde. Combien de jours d'autonomie ? Surtout ne pas en perdre une goutte.

Les arbres vont aux racines comme moi à la source. Ils cherchent dans l'humus le printemps. Pour quitter sa dormance, mon chêne fournit sous terre et sous l'écorce des efforts innombrables. Il ne dort que d'un œil, se protégeant avant tout du gel. En cette fin d'hiver, il puise par ses radicelles eau, nutriments et minéraux. Quand les racines se gorgent, une pression se crée. La poussée racinaire se répand à travers les vaisseaux vers le haut. Une pompe s'amorce : l'appel de la sève. L'arbre sort de son sommeil par les racines. Solution élaborée au fil des siècles, à prescrire aux sociétés et aux hommes léthargiques. J'étanche ma soif de vivre à la sève.

De l'eau de source, une forêt, une cabane, un livre, une famille. Tout est réuni à mes yeux pour la meilleure des vies.

Au soir de ce premier jour, les astres s'alignent favorablement. Une « super-lune » d'équinoxe se lève. La lune est plus proche de la terre que d'habitude. Son disque apparaît plus grand et plus brillant. Elle surgit, énorme boule cristalline, au-dessus des rameaux. Parfois, la lune quitte ses quartiers et se penche sur les hommes. Sur la pointe des pieds, je pourrais l'attraper. La forêt se projette en ombres chinoises. Je suis aux premières loges. Le bleu nuit dévoile les rondeurs avantageuses de la lune. L'astre accouche. Il annonce avec clarté au règne végétal que la vague de l'hiver se retire.

Mon chêne est sensible au charme lunaire. Les bourgeons et les cernes pulsent de ses humeurs. Comme les océans, la sève et la masse d'eau des arbres ont leurs marées. Les rayons de lune, en muses, tirent les branches à eux. L'arbre réellement s'étire et le tronc légèrement varie. Le bûcheron avisé sait encore couper aux bons quartiers. Il lune sa coupe. Les bois de charpente, des cathédrales ou des navires résistaient mieux aux insectes et aux siècles quand ils étaient cognés à la bonne lune. C'était empirique mais on savait parfaitement que les nefs de la terre ou des mers dépendaient du ciel.

Les astres et les arbres frémissent ensemble. Il faudrait que les hommes leur laissent du répit. Comme le souhaitait Ronsard, qu'ils arrêtent un peu, leurs robots abatteurs articulés de bras ;

> Ce ne sont pas des bois que tu jettes à bas ;
> Ne vois-tu pas le sang lequel dégoutte à force
> Des nymphes qui vivaient dessous la dure écorce ?

J'aimerais comme Tolkien en rêvait parler le langage des arbres. Je tente parfois quelques murmures à leurs feuilles. Je sais qu'ils communiquent entre eux de leurs molécules, leurs parfums et leurs réseaux mycorhiziens. L'arbre s'adresse aux siens et aux vents. Quand on en regarde un, longtemps, on saisit qu'il voudrait nous parler. Effrénés, nous sommes si sourds au verbiage des frondaisons.

Le monde présent est un chien qui ronge l'homme jusqu'à sa moelle. À tant adorer ce qui est mais ne compte pas, on finit par ne plus rien savoir de ce qui compte mais ne se voit pas. Évidemment on ne voit bien qu'avec le cœur, mais comment retrouver le goût des choses invisibles ?

Je grimpe aux arbres en amoureux, pas en naturaliste. Ni chercheur ni forestier, j'arpente les forêts et les cimes en rêveur. Je n'étudie pas les arbres, je suis leur élève. J'y glane quelques fruits enchanteurs, comme on va aux champignons. Je piste le sauvage, cuisine sur des braises, couche aux étoiles, descends les rivières en radeau. Je vais sur des chemins de traverse pour tenter de vivre dans le monde sans lui appartenir.

J'entends le chant des sources, je pense comme un arbre, converse avec le lézard ou le hanneton, salue d'un geste le renard. J'effleure l'écorce lisse d'un hêtre comme une peau. Et je lis dans une feuille de tilleul, poinçonnée par une chenille, le premier vol d'un papillon.

22 heures

Avant mes premières leçons forestières, je sors par le dôme vitré. Je grimpe au plus haut. Là, agrippé à des branches frêles, en caleçon par moins cinq degrés, je passe de longues minutes. Suspendu à la cime, je me sens invincible. La nuit et le froid pénètrent la sylve. Les étoiles brillent peu. La lune, star du soir, dérobe leurs éclats. Je distingue pourtant assez de constellations pour imaginer leur cirque céleste. Orion, mon préféré, guerrier sidéral, brandit son bouclier orné de quatre étoiles. Que pourfend-il de son épée astrale ? Le Taureau qui le charge ? Atteindra-t-il de son arc la Grande Ourse ou le Scorpion menaçant ? Que d'exploits pour obtenir les faveurs d'une Vierge ! Au théâtre du Zodiaque, je vouvoie les arbres. Je tutoie peut-être la lune mais le résultat ne se fait pas attendre : je me les gèle. La poésie des astres a ses limites.

Réflexe reptilien, cri du courroux. Je lâche à la nuit ce que j'ai du crétin sauvage. Je suis comme un loup sous la lune, libre mais en rage. D'un coup, je crie ma colère à la face du monde comme un petit révolté tout juste pubère : « Foutez-moi la paix ! »

Ma voix vibre dans les houppiers. L'écho des forêts envoie mon appel avec légèreté. Les arbres ont-ils compris ? Ils ne me jugent pas.

Je me glisse sous la couette blanche et les peaux de mouton. La félicité sylvestre me saisit un peu. Je baye aux étoiles. Mon chêne oscille de tout son tronc. Aurais-je imaginé qu'un jour un arbre me bercerait ? Je prends une position fœtale, soulagé de ce cri. En montant dans ce chêne, il faut trouver les forces pour descendre en moi-même.

Le chuintement d'une chouette effraie qui ne m'effraye guère me parvient du val nord. Deux arbres s'entrelacent, frottant leurs branches, gémissants. Je suis familier de ces craquements. J'aime ces clameurs nocturnes. Lors d'un bivouac sous tente, il m'arrive encore de sursauter, aux aguets du danger. Dormir dans un arbre procure un sentiment profond de sûreté.

N'ai-je pas eu ce plus naturel réflexe quand, l'an passé, en conduisant le troupeau à travers bois, j'ai dérangé une laie ? Pour protéger ses marcassins, elle me chargea. Mon sang ne fit qu'un tour. Je saisis le cou d'un chêne et sans savoir comment me trouvai dans ses hauteurs. Au moindre danger : aux arbres.

Le recours aux branches. Réflexe de salut qui se transforma au Moyen Âge en un cri : « Au donjon ! » Je crois que ma cabane perchée relève de cet instinct de préservation. Aux arbres !

Ce n'est pas du singe que l'homme descend mais des arbres. Y remonter c'est aller à la genèse. Dans ce cocon originel, je me recroqueville dans les bras de mon chêne, emmailloté d'écorce. Je suis seul face au cosmos, au centre du ciel. L'arbre, axe du monde, se fait trait d'union entre le ciel et la terre. Je suis vide et plein à la fois. Tout est ordonné comme dans l'harmonie grecque. Les Pléiades tournent. L'arbre, dieu immobile, se tient prêt à exploser de fureur de vivre. Mon âme s'étourdit de cette horlogerie extérieure révélant mon désir d'ordre intérieur.

8

Premiers jours en cabane. La vie m'est si agréable que je ne descends pas une seule fois. J'espère le débourrement.

Un érable voisin a tiré ses feuilles à volonté. J'ai cru que mon chêne riposterait aussitôt. Rien. Chaque espèce fait feu de ses rameaux selon son clan et son rang. L'érable franc-tireur ouvre le premier, le hêtre tardif ferme la marche. Mon chêne me joue des tours de patience.

Pourtant il fait grand beau depuis quinze jours. Au soleil de midi, quinze degrés. Que fait le chêne ? On ne se défait pas facilement d'une affection mondaine : l'immédiateté. J'ai l'eau et la nourriture en suffisance. Je retourne mes glands qui sèchent parfaitement. Je tiens le siège aux bourgeons.

En hiver, la forêt se bat ; au printemps, la forêt met bas. La lumière vient, la nature manifeste. À mon éveil, avant d'ouvrir les yeux, je joue. Qui zinzinule ou turlute ainsi ? Mésange, sittelle, grimpereau, rouge-gorge ? Les chants insistent avant les premiers rayons. L'aurore orchestre mon réveil. Le ramage me sonne. L'aube me lève.

Ces ritournelles seraient un des signaux annonçant aux arbres la venue du printemps. Le règne végétal est sensible aux vibrations sonores. Les chants d'oiseaux attendrissent les arbres. Des chants en guise de baisers pour tirer du sommeil les bois dormants. Les passereaux babillent et tridulent pour charmer et se reproduire. Ils abandonnent sans retenue, aux hommes et aux végétaux, la part de l'enchantement.

Les arbres en savent plus que nous. Ils nous offrent une compréhension du grand jeu de la terre. À quoi nous servirait d'acquérir toute l'intelligence de l'univers si c'est pour ne plus rien saisir de l'existence ? Quand on aime la forêt, nul besoin de tout comprendre car nous la comprenons déjà par ce qu'elle joue en nous.

6 h 30

L'aube s'étire sur un ciel endormi. Des pas sur le toit. Un sautillement lourd. Je m'approche de la vitre du dôme. Brun, bleu vif, blanc : le geai des chênes. Coquin des forêts françaises, imitant rapaces et passereaux, jusqu'au miaulement du chat.

À la manière dont il va de planche en planche, je crois bien qu'il est là pour satisfaire sa curiosité. Ai-je pris sa place en cette période de nidification ? L'œil farouche, il me voit. S'envole dégingandé en jasant rauque et fort : « Schkrrèèik, schkrrèèik. » Cajole encore. Celui-ci prend à cœur son rôle de sentinelle des forêts.

Certainement cache-t-il quelques glands pour s'aventurer ici. Le geai thésaurise comme tant d'autres petits banquiers de la forêt. Il cache à l'automne glands et faines en des milliers de lieux. Dans son gosier, une poche lui permet de récolter trois ou quatre glands d'un coup. Le cueilleur a bon goût. Il sélectionne minutieusement les glands de meilleure taille, mûrs, sans parasites ni vers. Il enfouit ses trésors en milliers de cachettes qu'il mémorise parfaitement. Tel un Petit Poucet, il va jusqu'à poser des cailloux, balises du garde-manger.

Amassant plus que nécessaire, le geai plante des forêts. Il n'est pas mon oiseau de prédilection. Il jacasse trop, vole sans grâce et razzie les œufs des plus petits que lui. Mais pour planter, ce n'est pas un glandeur. Champion en titre des reboiseurs des forêts françaises, enfouissant parfois plus de quatre mille glands par an.

Je n'entends plus son cri d'alarme de la même manière. Il protège les forêts, responsable des arbres qu'il a plantés. Le geai assure la régénération contre le gîte et le couvert. Alliance d'un oiseau et des arbres qui peuvent se targuer d'offrir à leurs progénitures des racines et des ailes.

Mon chêne avait-il germé d'une cachette oubliée ? À son âge avancé, il avait échappé à bien des dangers. Son gland n'avait pas été avalé par un sanglier, un écureuil ou un campagnol. Aucun cervidé ne l'avait écimé ou n'en avait frayé l'écorce. Pas un champignon polypore ou un ver pour le dévorer. Pas un homme ne l'avait cogné.

Sur les bords de Loire, un jour le troupeau m'échappa. La puissance et l'habileté du border collie ne purent le contenir. Quatre cents brebis écervelées couraient vers la départementale. Je voyais la fin : viande hachée et métal brûlant. Qu'est-ce qui les rendait folles ? Elles stoppèrent sous un grand chêne de prairie. La glandée venait de tomber. Elles le savaient. Je dus patienter un quart d'heure que ces dames, agglutinées comme un essaim, eussent razzié la totalité des fruits. Ça ne laissait guère de chance à la régénération. Peut-être est-ce une bonne chose d'avoir vendu mon troupeau ?

Un chêne debout et âgé est un survivant de l'adversité. Immobile, il subit les attaques sans mot dire. Il résiste ou il meurt. Depuis qu'il est plantule, c'est une force fragile.

* * *

J'étais né le cordon autour du cou. Je vivais avec l'anxiété que l'on vienne m'étouffer. Le lien qui m'avait nourri m'avait aussi étranglé. Ma mère répétait : « Ce que tu peux être casse-cou ! » Il me reste quelques séquelles de ma naissance, cette difficulté à être au monde. Ce spectre me poursuit secrètement : une place pour respirer dans l'existence ne m'était pas assurément acquise.

Cette vieille amie avait ressurgi dans l'adversité agricole et familiale. Ne plus penser à la corde. Ici, je conjure le sort tous les matins, d'un bond.

* * *

À peine le geai envolé, je saute du lit. Le chêne tremble sous mon élan matinal. J'arrange couette et laine. Faire son lit est le premier acte de résistance quotidienne aux désordres du monde et aux siens. J'ouvre la terrasse, vérifie que le coquin n'a pas chapardé dans ma collection. Je prends mon appeau de geai, fais de mes mains un petit pavillon et lance trois cajolements vifs et stridents. Il me répond. Trente mètres à vol d'oiseau. En réponse, je hoche la tête.

9

Mon rythme suit la danse du soleil, ma bonne humeur l'allongement de ses traits. Quand on doit remettre les pendules de sa vie à l'heure, commencer par arrêter le temps. J'écoule mes journées regardant la lumière balayer les sous-bois du levant au couchant. Les rayons printaniers brûlent la mélancolie. Je me laisse consumer.

Dans ce train de vie sans montre, pas le moindre sentiment de perte de temps. J'ai résolu pour quelques mois le dilemme de l'homme moderne : celui d'avoir de quoi vivre mais de ne plus avoir le temps de vivre. Je me suis accordé du temps. Mon temps libre m'offre de l'être.

J'ai ici quelques livres. Essentiellement des guides autour des forêts, de la faune et de la flore. Deux livres sortent du lot : *Pensées pour moi-même* de l'empereur Marc Aurèle afin de hisser mes chagrins avec les stoïciens, *La Divine Comédie* de Dante afin de trouver de la clarté dans le chaos.

J'aurais pu emporter de la musique. Mais j'ai les oiseaux, les rameaux et les vents pour jouer une symphonie encore supérieure à la *Pastorale* de

Beethoven. Il me faut apprendre à voir, écouter, lire entre les feuilles.

Voilà pourquoi je délaisse volontiers ici la consolation des livres et des notes. Aux arbres la tâche de m'enseigner la *vita nuova*. Dante avait choisi pour traverser le paradis saint Bernard de Clairvaux qui prodiguait à ses disciples : « Tu trouveras plus dans les forêts que dans les livres, les arbres et les pierres t'enseigneront plus qu'aucun maître ne te dira. »

Dans les bois, j'ai à ma disposition la bibliothèque universelle. Je lis de mon mieux dans le grand livre vert. J'entends les timbres sylvestres.

Le programme quotidien est simple. Une vie érémitique pour mettre au pas les idées noires. Vivre en forêt, c'est entrer dans les ordres où l'arbre nous montre le droit chemin de la lumière. Deux besoins majeurs : ceux du corps et ceux de l'esprit. Matin : lever à l'aube, sport, méditation, toilette, petit déjeuner, écriture, lecture. Midi : déjeuner, vaisselle, ménage. Après-midi : observation, activités manuelles, sport. Soirée : dîner, harmonica, lecture, coucher au couchant.

Cette cadence, sans précipitation, permet d'observer sans jamais céder à l'oisiveté. Tout peut être interrompu subitement. Je suis à l'affût de l'inattendu.

7 heures

L'inattendu est là. J'interromps ma série de tractions sur les barres du lit. Le mouvement léger mais inhabituel de branches de cornouiller trahit une présence. Toute mobilité dans les arbres stoïques éveille mon attention. Je fouille des yeux. Ils s'arrêtent sur un pelage gris, habité de calme. Un chevreuil mâle, d'âge mûr. Quatre ou cinq ans au moins.

Les pas du brocard glissent sur le sol forestier, aussi doux que le velours qu'il porte sur la tête. Il lève ses pattes avec la légèreté d'une danseuse. Leur finesse évite tout obstacle. L'élégance d'un échassier, la souplesse d'un chat. Les sabots sonnent juste. Les pieds jouent sans fausse note quatre mouvements d'un menuet silencieux.

Pieds nus, il me faut pour le suivre glisser moi aussi comme un Indien sur mon parquet. Il se délecte des bourgeons et de rameaux. En entrée un peu de cornouiller. Pour plat principal du hêtre. L'aubépine au dessert. Comment fait-il pour ne pas se piquer, l'aubépine est si bien défendue ? Je prends les jumelles. Situation d'affût idéale : la faune a rarement l'idée de lever la tête. Pour eux, la menace vient du sol. Un loup autrefois, un homme aujourd'hui.

Le chevreuil ouvre les lèvres et prélève les bourgeons un à un en évitant les piquants. Il ébourgeonne, prenant soin de changer rapidement d'arbuste. Les arbres des forêts européennes sentent la menace des dents comme les acacias d'Afrique se défendent des antilopes en rendant leurs feuilles toxiques. Les arbres sonnent l'alerte pour éviter d'être dévorés. Les chevreuils comme les brebis le savent : leur cueillette itinérante est une stratégie de survie.

Des générations de chevreuils ont dépecé l'écorce des arbres aux alentours. Houx, hêtres, ifs, genévriers portent leur griffe. Des troncs balafrés à coups d'andouillers. D'ici à quelques semaines, quand le velours qui recouvre les bois du brocard tombera, il laminera encore d'autres jeunes pousses. Les mâles aiment les sèves et les résines odorantes. Ces huiles essentielles servent de baume sur les saignements des bois. Les arbres en souffrent ou en meurent.

En rut, le brocard en remet une couche. Il décharge son trop-plein d'énergie, s'entraînant au combat, éprouvant sa vigueur contre les arbres. Les frayures sont plus profondes encore. À la base de ses bois, des glandes déchargent leurs odeurs sur les arbres. Comme un ignare marque ses amours au couteau dans l'écorce, le brocard marque son territoire de ses estocades et de son parfum.

J'ai défini un territoire qui se limite à ce que je peux voir de mon perchoir. J'en ai fait mon royaume. Mon arbre, au centre, est le roi. Ce qui gravite alentour est sujet du chêne et de mes observations. Je vis dans et de sa couronne. Je lui prête allégeance. S'assujettir aux arbres offre la liberté. Pris au jeu, je me proclame topographe du royaume comme Robinson se déclara gouverneur de son île.

J'établis sur papier une carte détaillée. J'y reporte : les rochers au sud-est, les deux arbres debout mais morts, les ifs, le grand pin. Au fil des mois, je dessine et note les apparitions marquantes de faune et de flore. Je nomme les lieux comme le paysan étiquette les sentes et les collines. Baptiser un rocher ou une coulée me donne le sentiment charnel d'être avec eux. Non de posséder la terre mais d'en être. Je me vois d'ici. Moi qui fus si souvent de partout, je me sens, en forêt, de quelque part.

Le haut de la colline forme un replat avantageux que le soleil enlace. Le mont s'avance comme une jetée dans la mer de forêt. Une langue étroite de terre permet l'accès. Le monticule est protégé par les fossés naturels des vals. J'habite une île forestière.

Mon royaume et son roi sont-ils si imaginaires que cela ? Ils dessinent une patrie éphémère pour se soustraire aux rythmes de l'époque. La vitesse a rétréci le monde. En gagnant du temps, nous l'avons perdu. J'essaye de le suspendre un peu.

La forêt est un pays qui n'exige aucun visa. Elle n'a rien à vendre, tout à donner. Quand la forêt lance son appel, l'écho de nos profondeurs tente de lui répondre. La sylve fait vibrer en nous la meilleure part. Je n'ai pas peur de me perdre en forêt, j'y sème mes doutes sur les sentiers, tentant de faire venir un printemps sur mon âme.

Je note dans mon journal d'arbre : « *J'ai trouvé un confin favorable à l'intériorité. J'ai marché parfois si loin pour trouver le silence. Il est là, en moi, dans ces bosquets.* » Je rédige, et m'adosse à une branche. Ma plume trempe dans la force du chêne. J'écris sur ses feuilles. Le *liber* influence ma chair. Les plaies d'un homme sont un encrier d'où sortent les lignes d'une vie. Parfois les mots jaillissent, comme des poings, par le sang et la sève.

* * *

Je me sens responsable de mes échecs. J'ai été libre de mes choix. J'assume les risques pris. J'étais à deux doigts de réussir ma ferme.

L'échec n'est pas une chance mais une souffrance. On n'apprend pas de son échec mais du désarroi qu'il engendre. L'adversité recèle un mérite, elle contraint à un vrai désespoir et non à une fausse espérance. En quelques années agricoles, par touches subversives, j'ai perdu ce que j'avais acquis au fil d'une vie de voyages, de livres, d'amitiés et d'amour : la confiance en moi. Là est je crois une des raisons de l'échec.

* * *

Cette forêt est la plus commune des forêts européennes : une chênaie-hêtraie. Les chênes y sont majoritaires, suivis de quelques hêtres qui dans cent ans peut-être prendront le dessus. Mon inventaire des essences se complète par deux tilleuls improbables, de jeunes châtaigniers, quelques sorbiers des oiseleurs, des érables champêtres, des merisiers, des ifs et bon nombre d'alisiers. Une forêt naturelle, récente certes, mais la diversité y éclate. Le début de la *silva*, les prémices du sauvage. Dans mille ans peut-être, l'âge des cathédrales, une forêt primaire.

Les arbustes, végétation pionnière, sont encore présents : noisetiers, houx, genévriers, prunelliers ou cornouillers sanguins… Certains, quelques années auparavant, permirent aux plantules des chênes de pousser sous leurs piquants protecteurs.

Au sol, la végétation rase, le lierre et des dizaines de variétés de fétuques et de graminées règnent en maîtres. Chaque jour une nouvelle espèce sort de terre et lance feuilles ou fleurs. Aujourd'hui des collerettes blanches ont jailli sur des grandes tiges vertes. Il faudrait tout de même que je descende saluer ces nouvelles venues au royaume. Les papillons m'ont devancé.

L'un d'eux, un imago du Citron, le premier du printemps, se pose sur mon bras. Son détecteur m'a repéré. Il cligne ses ailes jaunes et feuilles. Ouvert, il me laisse entrevoir ses petits grains de beauté bruns ou noirs marqués avec la précision des topographes napoléoniens.

Ce papillon Citron a fondu sur moi, inoffensif. Vient-il me dire qu'il faut que je me lave davantage ? Sa trompe minutieuse aspire la transpiration sur ma peau. Précieuse réserve de sel qui l'aidera durant sa vie. Immobile, je le laisse se délecter longuement. Éphémère, un papillon fait de mon existence une évidence. L'instant devrait se dire instinct présent. Je suis à ma place. Je m'enforeste.

10

26 mars. 8 heures

Les miettes de pain et le miel sur la cuillère sont, à première vue, la raison de cette invasion. Les fourmis entrent sans frapper à l'heure du petit déjeuner. La bouilloire en zinc siffle sur le réchaud. La vapeur d'eau embue les carreaux. La température est passée de cinq à vingt degrés en moins de dix minutes. La cuisinière sert de chauffage d'appoint pour la froideur des soirs et des matins.

La caravane de fourmis passe sans halte dans mon refuge. Leur voie suit une branche. Elles traversent le parquet, mon lit puis le toit pour arriver jusqu'aux bourgeons. Elles grimpent en cordée vers les cimes. La visite m'enthousiasme. Quand rien n'est prévu dans la journée, c'est qu'un rien peut la combler. Je suis leur ascension et sors au sommet. Que viennent-elles faire dans les houppiers ?

J'observe. L'activité la plus intense et restauratrice de ces mois. Parvenu aux rameaux, je comprends leurs efforts. Elles viennent rendre visite à de bonnes relations : des pucerons tètent l'arbre par les rameaux et les bourgeons. Le chêne les biberonne de sève.

Les fourmis logent en bas mais savent que les pucerons ont amorcé leur tétée quinze mètres plus haut. Le butin ? Elles se délectent du miellat, épais et onctueux, sécrété par les pucerons gorgés de sève. En échange de cette manne sucrée, les fourmis protègent les pucerons contre leurs prédateurs comme la coccinelle. Si la production de miellat se fait attendre, les fourmis tapotent de leurs antennes les dociles pucerons pour les traire. Les voilà devenant paysannes, éleveuses d'un troupeau de puces d'altitude. Ces fourmis, guides des hauteurs, affinent ma perception : la sève est aux bourgeons.

Combien de temps suis-je resté là à observer leur manège ? Pas autant sans doute que Jean de La Fontaine, maître des Eaux et Forêts. On le gronda un soir d'avoir perdu son temps depuis la matinée.

— Mais enfin, s'offusqua-t-il, je n'ai pas rien fait. J'ai regardé pendant des heures l'enterrement d'une fourmi.

* * *

Si j'avais la patience et la dextérité d'une fourmi, j'aurais sucré de miellat mon thé. Il fait, paraît-il, une bonne boisson. Mais j'ai assez peiné à l'élevage de brebis pour me mettre à soigner des pucerons. Je m'y prends différemment pour me régaler aussi des bourgeons. J'en glane quelques-uns. Je les laisse macérer trois semaines dans une flasque d'alcool et de miel. Je filtre. Le spiritueux est, dit-on, un remède efficace contre le surmenage. Je ne sais si la liqueur de sylve soigne mon mal mais toute la vitalité de l'arbre se concentre en un bourgeon. Je mets quelques perles de la force du chêne tous les matins dans mon bol.

* * *

À douze ans, j'avais intégré un pensionnat près de Lourdes. Je trouve maintenant le concept assez cocasse : une réunion inespérée de cancres, de virtuoses de la connerie, apprentis bretteurs. Nous étions à la hauteur de la barre fatidique : « Qu'est-ce qu'on va faire de toi ? »

J'eus mes premières bagarres dans le dortoir. Je pris des coups. J'appris à les rendre. Je n'aimais pas les bagarres. Je détestais les histoires. J'aimais l'Histoire. Bayard faisait partie de mon panthéon. Ce n'est qu'adulte que j'appris sa devise : « *Acciput ut det* » (« Il reçoit pour donner »). Sert au combat comme à l'amour.

J'étais constant en orthographe : zéro. Les pions et les profs cognaient avec constance. Les baffes ne faisaient pas rentrer le français dans ma pauvre tête. Je me mis à écrire un carnet de bord. Les mots étaient des notes musicales d'évasion. J'aimais la musique de la langue sans en maîtriser le solfège. Les cancres deviennent parfois philosophes mais plus souvent ministres.

Les barreaux de la cour de récréation donnaient sur les piémonts pyrénéens. Une fenêtre sur la liberté s'ouvrait entre la cantine et la récréation du mercredi. Je m'installais à la table permettant de sortir le premier du réfectoire. Je courais au fond de la cour, escaladais la grille armée de piques et sautais pour une après-midi loin des surveillants. J'utilisais les failles de l'école pour apprendre ce qu'aucun professeur ne nous enseignait : pêcher la truite en eau vive ou grimper dans une palombière, faire un feu sans fumée ou me mettre à l'affût du coq de bruyère. Je n'entendais rien à mes accords de français mais je pris goût à ceux des forêts.

* * *

Je me rassieds sur le banc-coffre. Reprends du thé. Croque dans une tartine. L'escapade des fourmis se prolonge. Certaines descendent déjà, apportant leur récolte dans un trou entre les racines. À l'entrée d'une fourmilière des gardes veillent nuit et jour. Un mot de passe permet d'entrer dans la forteresse. Le code s'échange d'un baiser chimique sur la bouche. Si le baiser n'est pas le bon, les soldats interviennent en nombre contre l'intrusion d'autres fourmis venues piller le palais.

Mon geai ou mon couple de mésanges bleues savent habilement en tirer parti. Ils sont adeptes du formicage (ne pas se tromper entre le m et le n). Quand quelques parasites les démangent, ils se placent sur la fourmilière, faisant mine de l'attaquer, le torse en avant et les ailes écartées. Les fourmis en danger forment leurs bataillons et projettent un jet d'acide formique. Le feinteur s'en réjouit et étale sur son plumage le liquide qui sert d'insecticide. Les bains de fourmis aussi revigorants que les bains de forêt.

Le geai élève des chênes, les fourmis élèvent des pucerons, les pucerons boivent la sève, les fourmis chassent les parasites des oiseaux, les oiseaux mangent les glands, les pucerons, les fourmis. Tous s'entraident et se dévorent. Tout se lie en un nœud complexe et harmonieux où vie et mort ne font qu'un. Tout est tragique et grandiose dans les infimes symbioses du vivant. La forêt me donne un joyeux vertige. Observant les petites choses sans pouvoir tout comprendre, je me sens minuscule parmi ces choses immenses.

11

Elles prennent l'arbre comme terrain de voltige. Deux sittelles torchepots rasent les vitres en escadrilles. Le mâle redouble de courtoisie et de chants aériens. Les flirts printaniers volent plein gaz. Les passereaux s'envoient en l'air. Depuis la tour de contrôle, je suis aux premières loges des amours frivoles.

La mésange bleue est belle à croquer, mais je me demande tout de même comment sa cousine charbonnière peut de temps à autre lui fracasser le crâne et se délecter de sa cervelle.

Les bleues sont en avance sur tous. Auront-elles le temps de faire deux couvaisons ? L'une d'elles tire de la mousse sur les branches du chêne. Je suis les allers-retours aux jumelles au nord. À quinze mètres, dans un vieil arbre mort sur pied, elle construit un nid. Elle choisit sur mon chêne une unique sorte de mousse plus serrée et plus verte que les autres.

La mésange juge bon de mettre dans le futur berceau quelques fibres d'écorce d'acacia. Ma cabane lui est utile. Les anciens piquets d'enclos à brebis servent d'armature à mon toit, à mon lit et maintenant de nid aux oiseaux. Coquette, elle en tire de grands rubans pour décorer sa couche. Est-ce son odorat qui la mène vers les propriétés antiseptiques et antifongiques de l'acacia ? Les mésanges ont du flair. Elles tapissent et parfument leur nid de plantes aromatiques pour repousser les parasites des oisillons.

Pour supprimer les pesticides, nous imitons les mésanges bleues en associant à nos cultures au jardin potager des plantes odorantes. Combien d'oiseaux sont-ils tombés au champ d'horreur de l'agrochimie et de l'urbanisation ? Le couple de mésanges qui niche près de moi consomme jusqu'à cinq cents insectes par jour pour nourrir sa nichée. En Europe, papillons, coccinelles, fourmis… quatre-vingts pour cent des insectes se sont éteints en trente ans. En France, un tiers des oiseaux en quinze ans. L'effacement des paysans et des oiseaux est le signal d'alarme du grand dérèglement de la vie. Comment supporterons-nous les printemps silencieux ?

* * *

Pour survivre dans la guerre du soleil, mon chêne a sacrifié des branches basses. Une dizaine, d'un bon diamètre, sont mortes. Il les a abandonnées, les coupant de sève au profit d'autres ramures mieux placées. L'arbre s'autoélague et concentre ses forces.

Trois sont déjà tombées au sol, laissant des moignons que l'écorce cicatrise. Ces plaies circulaires font la joie des larves pilonnées par le bec des pics. Les trous creusés par les marteleurs profitent aux mésanges, écureuils ou loirs. Pour qui lit le ligneux, de la branche morte au nichoir d'où s'envole la vie, tout se lie en forêt.

D'autres branchages défunts tiennent encore solidement au tronc et se laissent décomposer par un entourage affamé. La mâchoire invisible des champignons, mousses et vers mord dans l'aubier. Le bois tendre est dépecé par le temps, les vents et les dents. Ne reste qu'un bois de cœur, le duramen, craquelé, dense et dur. Des grands nez pointent dans les airs, squelettiques et sans vie, offrant un perchoir aux pattes des grimpereaux.

Je me vois comme l'une de ces ramures. Je suis sec du cœur quand j'aimerais pleurer. Le chêne m'indique une autre voie. L'accès à la lumière se fait de sacrifice. Abandonner un peu de soi, laisser mourir certaines branches pour avancer.

* * *

Ma cabane, entre six et neuf mètres de haut, occupe une niche forestière précise. Ici chacun a son étage. Je suis au niveau des nids de sittelles, des loirs et des chauves-souris. Au bout de quelques jours, j'ai l'étrange sensation qu'ils m'observent. Mes mouvements ne semblent pas déranger le remue-ménage de saison. J'ai cru que la forêt était l'arche, c'est la cabane qui l'est. Ils me regardent comme une perruche en volière ou un ouistiti au zoo. Je suis leur drôle d'oiseau.

Un matin, la mésange femelle revient avec une chose inattendue dans le bec. L'a-t-elle récupérée sur l'écorce d'un arbre ou dans les griffes d'une ronce ? Je la fixe, stupéfait. Aussi interdit que Noé. Mésange messagère, elle tient un long morceau de laine. Mes moutons me sautent à l'esprit. Que deviennent-elles, mes brebis ? Sont-elles bien traitées ? Et les agnelles que j'ai biberonnées ? Sont-elles devenues mères ?

Si je savais encore pleurer, je le ferais grâce à cette mésange. De chagrin d'abord puis de joie à l'idée qu'un seul brin de laine de mes brebis puisse servir les oiseaux. Que veut me dire la forêt ? Au domaine retranché des tristesses se trouvent toujours quelques clairières. Quand le malheur vient des grandes choses, chercher le bonheur dans les petites. Si un chagrin survient, avant de le chasser, laissons-le enseigner ce qu'est une vraie joie.

Pendant des années, j'ai pensé observer la nature en la traversant à pied, à dos d'âne, à vélo. Le voyageur en forêt surprend les animaux dans les sous-bois. Qu'il s'arrête, ne serait-ce qu'une heure, c'est lui qui sera surpris. Les animaux, les arbres nous observent pour savoir si en nous réside un ami. La rencontre alors peut avoir lieu.

En bord de Loire, j'ai appris que la meilleure façon d'admirer le fleuve était de s'asseoir pour regarder la vie sauvage couler avec lui. Je surveillais le troupeau depuis la levée dressée pour contenir les crues. Les brebis pâturaient sur les berges dans les prairies et la forêt alluviale. Les cormorans remontaient la Loire, les castors tapaient de la queue pour alerter et rejoignaient leurs abris, les martins-pêcheurs plongeaient, les libellules s'accouplaient, les brebis mâchonnaient. Sur mon ordre, le chien, en un éclair, rassemblait les moutons éloignés. La tonte naturelle reprenait plus serrée. La vie coulait.

Ma cabane est un avant-poste sur la beauté du monde. Moi que la curiosité avait lancé sur les routes, j'apprends ici que l'immobilité contente bien mieux l'insatiabilité de la vie. Pour traverser une forêt sauvage, il me faut aller à pied. Pour me laisser traverser par le sauvage, il me faut nicher comme la sittelle, gîter comme le lièvre, reposer comme le faon. Pour que la sève de la vie nous traverse, apprendre à demeurer comme l'arbre.

12

27 mars. 10 heures

Que font-elles ? Deux charbonnières s'en prennent aux bourgeons. Les pattes agrippées aux rameaux, les plumes jaune et bleu tournent en girouette. Je crois qu'elles se délectent des pucerons qu'élèvent les fourmis. À peine ont-elles épouillé un bourgeon qu'elles volent vers le suivant. Sont-elles les fées grecques du printemps chargées d'orner les arbres de feuillaison ? Le chêne débourre. Méticuleusement, les mésanges déboutonnent son manteau vert. Mon arbre tire le bouquet final de l'hiver. Les bourgeons explosent.

Je vais dans les branches hautes, fébrile. Assis sur le toit, j'approche mon œil d'un de ces boutons de soie. Je scrute. Les écailles cireuses s'écartent. Une touffe de poils, la bourre, douce et blanche, apparaît. Contre les grands gels, ce duvet sert de couverture aux embryons de feuilles. Elles s'éveillent. Tout un arbre sort d'une seule feuillée. Les ébauches sont d'un vert si tendre que j'ai envie d'y croquer. Le chêne revêt sa tenue de velours. Elle sort de la nuit toute flétrie, cette énergie minuscule revenant à chaque printemps. Fragile résurrection entre deux écailles brunes.

À neuf mètres de haut, dans un bourgeon je tiens toute une vie en révolution. Je me laisse étonner, en grec « émerveiller ». Il n'a l'air de rien, si petit. Il semble sortir du chêne et du rameau. Mais je vois bien pourtant que c'est grâce à lui que mon chêne est, un jour, sorti. Sans cet autre bourgeon né d'un printemps lointain, cet arbre n'existerait pas.

Je regarde l'éclosion comme des flocons verts descendant lentement sur mon chêne. Quand l'œil déborde, c'est l'âme qui s'abreuve. Par un bourgeon, je me sens soulevé par toute la nature. Dans la naissance de cette feuille, je vois que la vie, depuis qu'elle est sur terre, mène une guerre qu'elle ne perd jamais.

14 heures

J'entreprends de nettoyer les vitres. Quatre fenêtres en une heure. Un peu de ménage suffit à rabattre les grandes idées générales. Moi qui fuis les grandes demeures, je suis comme dans un vieux château : mon parquet craque, il y a des courants d'air, des araignées, je me retrouve avec des centaines de carreaux à faire briller. Mon repaire vitré ressemble à ma vie intérieure : un petit coin de paradis et de paradoxes.

Vitres propres, je vois davantage l'éclosion. Je tiens l'apparition des bourgeons comme une sorte d'épiphanie.

Celui qui croit s'émerveiller alors qu'il n'a jamais perdu espoir de lui-même a encore un peu de chemin. L'émerveillement ne vient pas de l'innocence. Il surgit de notre lucide petitesse. De notre amère connaissance du monde, des hommes et de soi-même. C'est dans cette déception qu'est apparu ce matin l'émerveillement véritable. En dépassant mes illusions d'enfant et mes désillusions d'adulte, je crois l'avoir touché. Qui sait au printemps regarder les plissures d'une feuille lira un peu de ce qu'est l'espérance.

28 mars. 15 heures

Sur la terrasse, je prends ma douche. Pas de rideau, une salle de bains au milieu des rameaux. Je pose le savon pour me rincer. Je m'amuse : « Face au vide, surtout ne pas glisser sur le savon. »

C'est stupide d'avoir peur de tomber de cette branche où repose ma terrasse. Il y a quelques mois j'avais voulu attacher une corde pour mettre fin à mes jours. C'est ici que j'ai regardé la mort en face. Ce jour-là, je n'en eus pas peur. L'idée de m'effacer m'était plus douce que celle de mal vivre. Le destin ne tient qu'à un fil de quelques secondes. Dans ces instants, ce n'est pas de quitter la vie qui demande du courage mais de puiser des forces pour la conserver.

On pense à la corde quand on a en soi trop de misère et, pour soi, trop peu de miséricorde. Ce n'est pas une manière honorable de se conduire avec la vie. On aimerait mieux au fond qu'elle nous quitte comme elle s'est offerte, sans crier gare. La violence que l'on porte, soit on la tue, soit elle nous tue.

Sous l'eau claire de la douche, je redouble d'attention. « Je suis abattu, me dis-je, mais n'est-ce pas mieux finalement que ce soit par la vie plutôt que par moi-même ? » C'est bon signe. Quand la peur de la mort revient, elle porte dans ses bagages l'envie d'exister. J'ai parfois peur de mourir mais ma peur de vivre est une chose plus terrifiante encore. Il y a un risque plus grand que la mort, celui de n'avoir pas su vivre.

Je fais couler l'eau froide du réservoir sous pression. Elle me saisit, vivifiante. Les rayons de l'après-midi me sèchent. Je frissonne sous ces caresses. Mon feuillu inspire mon carbone. Je respire. À défaut de savoir nous parler nous échangeons par nos respirations. J'inspire son oxygène. Je hume aussi ses fragrances. Ses compositions volatiles comme les phytoncides agissent sur moi. La chlorophylle coule dans le sous-bois et lave. Tout est teinté de vert. Son nuancier varie sous les touches de lumière et me rassure. La sève rince ma crainte de poursuivre la vie. Cette crasse glisse un peu de mes épaules. Je remâche : « Meurs à toi pour devenir toi-même. »

Mes jerricans sont quasi secs. Voilà sept jours que je n'ai pas mis pied à terre. Demain, j'irai à la source.

13

3 avril

2 heures du matin. L'eau froide sur mon visage me réveille en sursaut. Une voie s'est ouverte entre les planches du toit. Mon radeau essuie l'orage. Je vogue, ballotté au milieu de la houle forestière. J'ai beau m'agripper aux branches, si l'arbre sombre, ce sera un éclair de verre et de bois dans la nuit.

Du gros temps. Un orage puissant, des roulements de tonnerre qui encouragent la bataille entre les éléments. La foudre vient de tomber, éclairant la mêlée des armées du vent et des eaux qui chargent depuis une heure sur la canopée. Quel arbre a fait paratonnerre ?

Le mien résiste. S'il le faut, il abandonnera quelques branches. Au fil de sa pousse, des cassures ont été conçues spécialement pour cela. Dans la tempête ou le grand vent, les arbres se séparent de branchettes vertes. Ils lâchent un peu de lest. Ne pouvant ployer comme le roseau, le chêne fait sauter des centaines de petits ponts pour empêcher les alizés ennemis de le renverser.

Je prie tout de même La Fontaine qu'il m'offre cette nuit une chute plus clémente que celle de la fable :

> Le vent redouble ses efforts,
> Et fait si bien qu'il déracine
> Celui de qui la tête au ciel était voisine,
> Et dont les pieds touchaient à l'empire des morts.

Je colmate comme je peux la brèche en sous-pente. Mon oreille est trempée. Je me retourne et tente de fermer au moins un œil. Mon chêne lutte. Est-ce lui ou moi qui ai crié : « Tiens bon » ?

6 heures

Une seule nuit a réussi à débusquer trente jours de beau temps. Le soleil médaille les arbres de milliers de feuilles, la pluie les vernit. Les merisiers ont fleuri. L'orage s'est sauvé, laissant derrière lui une pluie régulière. Elle a raison de certaines faiblesses de mon toit, notamment où traversent les branches. Ma cabane prend l'eau. Une partie des habits et mon carnet de bord écopent.

« Rien que de l'eau, me dis-je. Mais dormir sur un matelas éponge, ça rince une nuit. J'irais bien me recoucher. »

Après trois semaines de soleil où le froid des nuits a faibli, un vent d'ouest chahute mon « sylvarium ». L'humidité et le froid reprennent le dessus. Le ciel ne pourrait-il pas avoir un peu de clémence ?

La gazinière est emplie d'eau brune, teintée d'écorce de chêne. Je la sèche avant de pouvoir rallumer le gaz. Vite une boisson chaude. Pour m'encourager, je tente l'expérience avec mes glands triés. Le soleil leur a offert le premier séchage. Je les dore à la poêle, les broie. Des générations se sont nourries de farine de glands en période de disette. Il faut maintenant les moudre à l'aide d'un petit moulin à café. Avec la poudre fine, je prépare un café de glands. Je porte la tasse aux lèvres. Un peu âcre. J'ajoute du sucre. C'est mieux. C'est fort. Léger goût de châtaigne et d'humus. Le café des forêts, utilisé avant l'usage de la caféine, se laisse déguster.

Je sirote et me réchauffe les mains quand un renard arrive sans crier gare sur la sente sauvage de l'ouest. Que fait-il dehors par ce temps de chien ? Je me lève pour prendre mes jumelles, fais tomber mon tabouret. Il m'entend et fuit. Poule mouillée.

* * *

Lors de mon premier agnelage de brebis caussenardes, je m'étais fait avoir comme un bleu par les renards. Les naissances avaient démarré en mars sur la colline où j'avais commencé à rebâtir des ruines. Plusieurs de mes brebis mettaient bas des jumeaux. Une fois le premier sorti, la mère s'efforçait de mettre au monde le second. Elle ne pouvait dans ses douleurs défendre le premier. Le renard l'emportait alors sans procès. Les blaireaux suivaient le compère pour manger les restes. J'avais du fil à retordre avec la sauvagine.

Après sept petits dévorés en trois jours, je décidai de protéger activement mes agneaux. Je fis comme les bergers des confins de l'Ossétie et du Kurdistan qui m'avaient offert l'hospitalité. Ils mettaient leur lit dans la toison des brebis. Je pris mon chien, un fusil et de l'eau. J'installai ma tente au milieu du troupeau. Je campai un mois parmi les arbres et la laine. Je tenais la position sur la colline, veillant l'aurore et les croquants au coin du feu. Les flammèches fusaient dans le froid quand j'alimentais les braises.

Une nuit, vers 2 heures, un renard passa à dix mètres de la tente. Je ne dormais que d'un œil. Visai du mauvais et loupai ce goupil. J'alignai le suivant. Je demandai aux chasseurs alentour de m'aider à protéger le troupeau, ce que Joël, mon ami Robin des bois, fit sans détour. À nous deux, nous sauvâmes beaucoup de mes agneaux.

* * *

Une nouvelle gouttière s'ouvre entre les planches et me coule sur la tête. Désespoir ! J'en tire un jus de crâne : « Mieux vaut un arbre plutôt qu'un homme » disait Beethoven, qui avait dû goûter, par la profondeur de ses accords, à la dysharmonie de ses semblables.

En allant chercher l'eau à la source, je lève un lièvre. Est-ce lui que le renard chassait ? C'était moins une. Son pelage d'hiver est tombé. Celui du chevreuil que j'aperçois un jour sur deux passe lui aussi du gris au roux. De retour, je me ressers une tasse de café de chêne bien chaud. J'y prends goût. Je ressasse bêtement : « Il est trop commode de m'en tenir à ma méfiance des hommes quand seulement quelques-uns m'ont déçu. Pour être bien honnête, je me demande si ce n'est pas moi qui les ai déçus. » La question m'énerve. Je l'évacue en finissant ma tasse. Le marc de chêne est clair.

Pour éviter de broyer du noir, je broie des glands. Ça détend !

* * *

Noël dernier, nous sommes allés fêter Noël dans le massif forestier de la Sainte-Baume. Dans l'arrière-pays marseillais, la barre rocheuse cache une grotte de belle taille accrochée en nid d'aigle au milieu de la falaise. Ce fut, selon la tradition, l'ermitage troglodyte de Marie-Madeleine. Perchée sur ce balcon, elle avait vue non sur l'Éden, mais sur l'une des plus exceptionnelles forêts de hêtres françaises.

Nous l'avons explorée à pied durant plusieurs jours. Forêt royale tant par sa qualité que par l'attachement que les rois de France accordaient à ce sanctuaire. Le mistral balayait un temps chagrin. Le soleil était de la fête au solstice d'hiver. La féerie des lieux hissait ses trois couleurs de ciel, de roche et de bois : bleu, blanc, vert.

Le 24 décembre au soir, une lente procession aux flambeaux regroupait des fidèles aussi chamarrés et divers que les santons de Provence. Téméraires, nous allions depuis le bas de la barrière rocheuse vers ces hauteurs pour une heure de marche. Le chemin traversait la forêt de fayards, grimpait dans la falaise, suivait un escalier taillé dans le rocher. La grotte et la crèche de la Nativité se méritaient.

Les enfants allaient en tête, étonnés de trouver dans les arbres non des guirlandes mais des êtres. À la lueur des torches, nous dévisagions les hêtres géants qui, de leurs troncs noueux, nous saluaient des yeux. Silhouettes grimaçantes aux bras ouverts et tortueux. Tout le peuple des arbres, les sylvains, les dryades, les faunes, les nymphes, les Ents, grimpait vers Noël avec nous. Nos pas tâtonnaient dans les ombres. Parfois nous trébuchions sur leurs pieds ou leurs racines. Ils semblaient, en cette nuit particulière, ne pas en prendre ombrage. La Lumière à minuit descendrait sur le sombre. Peut-être espéraient-ils avec nous que les feux dévastateurs de Provence et la sécheresse menaçant les forêts européennes fassent une trêve plus longue que celle de Noël ?

Le danger est sérieux. Les forêts du monde souffrent. Certaines brûlent en Amazonie, Californie, Australie, Sibérie. L'Europe a délocalisé sa déforestation. L'ère du Pyr est venue.

D'autres forêts, comme chez nous, sèchent. Les arbres ont soif. Dans les futaies de Chantilly se dressent par endroits des champs de ruines. Affaiblis, les arbres tombent malades et meurent d'embolie gazeuse. Chênes, tilleuls et bouleaux subissent le même sort funeste quand est atteint le seuil de tolérance sous lequel le manque d'eau sera fatal. Ce phénomène menace toute la forêt française. L'arbre a besoin de temps pour s'adapter au climat. Pourtant, les arbres font tout ce qu'ils peuvent pour ralentir le réchauffement. Pour la première fois peut-être, l'arbre a besoin des hommes.

Dans la fraîcheur millénaire des hêtraies de la Sainte-Baume, un espoir est né. Les arbres ont appris ici, au fil des siècles, à résister aux fortes chaleurs du Midi. Les faines de ces hêtres résilients sont récoltées pour reboiser d'autres forêts qui n'ont pas eu le temps de s'adapter. Les hêtres de la Sainte-Baume, les chênes d'autres forêts du sud auront une descendance dans le nord de la France.

Pourtant si la forêt de France souffre par endroits à cause de la chaleur, de la monoculture de conifères et d'une filière bois sous pression mondiale, elle se porte plutôt bien par sa croissance et sa diversité. Plus de cent trente-six essences d'arbres, des forêts d'exception protégées, des forêts publiques et des millions de propriétaires privés qui possèdent soixante-quinze pour cent de la sylve et sont pour la plupart bons cueilleurs d'arbres. Les Français ont retrouvé les canopées de la Gaule. C'est grâce à la déprise agricole mais aussi, en partie, grâce aux grands travaux de Napoléon III de boisement des Landes, de la Sologne et de massifs montagneux. Les bergers délaissèrent alors leurs troupeaux pour se faire éleveurs d'arbres.

Loin le temps où Colbert annonçait : « La France périra, faute de bois. » En deux cents ans, la forêt a presque doublé de surface. La majorité des Français vivent à moins de trente minutes d'une futaie. Un tiers de l'Hexagone baigne sous l'ombrage des arbres comme un tiers du monde appartient au règne des bois. Taïgas boréales, forêts tropicales, subtropicales et tempérées : le vert manteau protecteur s'assortit avec le ciel et les océans pour réguler le temps.

14

La pluie bat mes carreaux avec un plaisir espiègle. Je viens de terminer les cent quatre-vingts vitres. L'or du chêne m'a réchauffé et fait avaler les trombes d'eau avec entrain. Les flots battent les feuilles neuves. Chacune récupère quelques gouttes. Le parasol de feuilles qui protège l'humus est aussi une prodigieuse citerne qui porte l'eau aux racines. Les feuilles retiennent l'eau sur leur surface puis la laissent glisser le long des rameaux, des branches et du tronc. Le chêne tend ses branches pour boire au robinet du ciel.

Je le découvre à mes dépens. L'eau ruisselle sur les quatre branches dans ma chaumière. J'ai beau isoler d'un peu de mousse, de papier, de chiffons, de chambre à air, rien n'y fait. Depuis les feuilles, des litres d'eau suivent les minuscules lits de rivière. Ma cabane devient une gondole sur les canaux de l'écorce.

L'arbre et les forêts se protègent des torrents du ciel grâce à leur surface foliaire. L'écoulement progressif permet l'absorption lente par les sols. L'arbre est un château d'eau qui a de grands besoins à cette période de feuillaison.

Bientôt, la récolte prendra le chemin inverse. Pompée par les poils des racines, l'eau repart vers les frondaisons par les canaux internes de l'arbre. Les feuilles s'en servent pour la photosynthèse et rendent à l'atmosphère le surplus. L'alchimie a lieu. De l'air, de la lumière et de l'eau, les milliers de petits capteurs verts créent de la matière. Symbiose des astres et de la sylve, le soleil se transforme en sucre.

Un chêne adulte comme le mien peut remonter plus de deux cents litres d'eau par jour. Les feuilles transpirent de tous leurs pores. En plus d'offrir de l'oxygène, l'arbre vaporise dans l'atmosphère des tonnes d'eau. La forêt, parasol et climatiseur idéal pour les périodes estivales. Les arbres, refuges en temps de réchauffement. L'ombre d'un chêne bientôt une denrée rare.

7 avril

Cinq jours de pluie offrent un avantage : je fais des économies d'eau. Je profite du débordement des uages pour me laver. Je sors sous la plus grosse averse. Un air russe me vient : « Nous aimons vivre au fond des bois… » Nu et à tue-tête, les bras vers le ciel, je chante sous la douche céleste. L'ivresse des forêts ruisselle. Sans doute, ceux qui n'entendent rien à la musique de la nature et aux comètes trouveraient ça ridicule. Exister sans se soucier de ce que les autres pensent est la meilleure manière de commencer à vivre.

* * *

À la moindre pluie, j'étais heureux pour mes brebis caussenardes. Dans le sud-ouest de la France, on craint la sécheresse. À chaque ondée, je bénissais le ciel de me donner de l'herbe. Les mères offraient le lait, les agneaux profitaient. Le troupeau pâturait uniquement dehors, en forêt ou en prairies. Les protéines de mes agneaux venaient de l'or vert, loin de l'or noir, de la déforestation et des grandes cultures. La forêt est l'alliée de nos assiettes.

Sur les bords de Loire, je redoutais l'eau. Des épanchements trop insistants du ciel entraînaient des crues du fleuve. Cela m'obligeait à plus de vigilance. Un jour, à l'aube, je trouvai le troupeau dispersé. Le fleuve avait gonflé durant la nuit. Un canal habituellement à sec dégueulait en onde sale. Une quinzaine de brebis se serraient sur une petite île formée par les aléas du lit sableux de la Loire. Devant la force du courant, pas une n'osait rejoindre le troupeau sur la rive.

Elles bêlaient comme la chèvre de M. Seguin sentant le danger d'être avalées non par les crocs mais par les flots. Habillé, je m'engageai dans l'eau boueuse. Je n'en avais qu'à la poitrine. La Loire charriait en pagaille des troncs morts et des branches. Je les écartai, m'y hissai, me frayai un chemin dans cette flottille. L'île atteinte, je poussai une à une les brebis à l'eau, les encourageai à nager à mes côtés. Je portai les agneaux. Je fis autant d'allers et retours que de brebis. Pas une ne fut perdue.

Je menais ce pastoralisme itinérant aux abords de l'ancienne forêt des Carnutes, berceau de la France celtique et capétienne. C'était à deux pas de l'abbaye de Saint-Benoît-sur-Loire où se réunissaient les druides, où Jeanne d'Arc fit halte. Les forêts de Sologne et celle d'Orléans attirent les faveurs du ciel.

Cela pourrait relever de la magie : les forêts parlent aux nuages. Les druides, ces « hommes-chênes », en savaient-ils quelque chose ? Le phénomène est étudié en forêt amazonienne. Quand l'eau vient à manquer, les arbres sont capables de s'en plaindre et d'influencer le ciel. Tout comme ils se protègent des dents du gibier, les arbres émettent quelques molécules volatiles qui encouragent la vapeur d'eau à se changer en gouttes. Miraculeuse forêt qui, par sa condensation, crée des nuages puis influence les vents pour rapporter les nuées sur sa tête et les faire pleurer. Les forêts font la pluie et le beau temps.

15 avril

La pluie cesse quelques heures. Une nef de chênes, d'alisiers et d'érables supporte une voûte ruisselante. La forêt luit. L'encens des forêts parvient à mes narines : le parfum des sous-bois après l'averse. Je tiens l'arbre pour flèche, visant le ciel, comme celle des cathédrales.

Une semaine plus tard, quand ma famille vient me visiter, j'apprends que Notre-Dame de Paris est partie en fumée. Pâques est aux tisons. Un matin de printemps, il y a treize ans, j'ai demandé Mathilde en mariage au chevet de la cathédrale. Nous avons arpenté la grande futaie de pierre. C'est encore depuis le parvis, au kilomètre zéro des routes françaises, que nous sommes partis à pied pour notre voyage de noces vers Jérusalem. Huit mois sauvages.

Nous cheminions, certains, comme Baudelaire, que :

> La Nature est un temple où de vivants piliers
> Laissent parfois sortir de confuses paroles ;

L'homme y passe à travers des forêts de symboles
Qui l'observent avec des regards familiers.

Les forêts et les cathédrales brûlent, l'embrasement est général. Est-ce le court-circuit, la surchauffe d'une terre, d'une Madone, à genoux, lassée de la bêtise humaine ? Rien n'est plus incendiaire qu'un homme sans feu sacré. Quand les cœurs se refroidissent, la terre se réchauffe et brûle. Où sont passées les Vestales qui entretenaient le feu et protégeaient la civilisation du refroidissement ?

Plus nous sommes éloignés de la nature, plus notre nature nous devient étrangère. Plus nous y vivons, plus notre nature revient. Ce n'est pas d'abord au cœur des villes ou dans le désert qu'il faudrait planter des arbres mais dans le cœur des hommes.

18 heures

Une averse frappe plus fort que la précédente. Un autour des palombes traverse, furtif, le rideau de pluie. Le rapace est enfant de la foudre. Il se met en attente à quinze mètres de moi. Gris, brun, le poitrail rayé de marron et de blanc. Une allure de prince dans des habits de guerre. La puissance dans la majesté. Ses serres jaunes enserrent la branche d'un érable champêtre. J'aimerais que cette branche soit mon bras pour sentir sa force.

Nos regards se croisent. Deux boules profondes de cristal orange et noir surlignées de sourcils blancs. Des yeux sereins et pugnaces. Aucune crainte ni interrogation dans sa prunelle. Il me distingue au moins deux ou trois fois plus proche que je ne le vois grâce à ses jumelles intégrées. Quand je n'en perçois que trois, lui capte cinq couleurs. Il accentue ou diminue les contrastes pour dénicher les proies qui se fondent dans leur environnement. Il m'a aperçu avant de se poser. L'insaisissable des sous-bois, à l'œil qui saisit tout, a bien voulu se laisser rencontrer. Il m'engage au silence. Son regard affûté comme son bec perce où je ne peux voir.

Les jours d'azur franc, les rapaces tracent des cercles dans le ciel. Le faucon pèlerin stationne, piaille et pique. Le cri des buses me fait lever la tête. L'une d'elles niche non loin. Elle pénètre toujours le sous-bois par le sud-est. Son vol lourd navigue entre les troncs comme l'avion de Mermoz dans les cimes des Andes.

Dans ce mauvais temps, que peut bien chasser cet autour des palombes ? Plus rien ne s'agite ici. Pas une grive, un loir ou un lièvre. Sous ces trombes, tous sont au logis. D'un éclair, il fond vers la fourche d'un chêne gorgé de lierre. Des plumes volent. Le combat est bref. Inégal. Les deux tombent au sol. L'autour serre plus fort. Il écarte les ailes pour dominer le corps à corps. Quelques coups de sabre frappés du bec dans la poitrine. Pas un cri. Mangé vivant, par deux fois le ramier tente de se libérer. L'autour le dépèce calmement. La faim de l'un, la fin d'un autre.

15

Trente jours perché. Deux mois de sylve depuis la construction. Le temps se déverse sur les ramures, indifférent aux pluies ou aux rayons. Lent, il se suspend aux feuillaisons nouvelles. L'arbre est immobile, les heures tournent. Sur l'ardoise du ciel, un avion tire un trait blanc entre deux branches. L'accélération du monde ne fait plus partie du mien.

Une araignée tire un fil de mon lit au bureau où j'écris. Je lève mon stylo et la laisse courir sur les quarante pages noircies du carnet. Elle s'arrête dans la marge, celle de ma vie, puis se hâte vers la fenêtre. Elle dévide son temps en filant l'espace. J'égrène les jours, ne comptant que les moments. Il me semble être ici depuis un an. Le présent s'est épaissi, changeant mes minutes en frondaisons. Mon horizon ne va guère plus loin que le dîner. Je n'imagine pas l'avenir ailleurs. Je me vois dans l'arbre. Toujours.

Le temps est passé me voir sans passer. Je l'ai saisi au creux de ma main comme une offrande des arbres. Il m'a laissé l'instant. Cela me suffit.

21 avril

Pourquoi ce lézard des murailles grimpe-t-il si haut dans le chêne quelques mètres au-dessus de moi ? Il est stoïque depuis plusieurs minutes sur une tache de lumière. Cherche-t-il à s'approcher du soleil pour dorer des œufs qu'il porte dans le ventre ? De temps à autre, son corps frémit. J'observe. J'espère qu'il va m'instruire.

Je prends les jumelles. Le lézard projette furtivement sa langue et happe des fourmis. C'est si rapide que les ouvrières n'ont pas le temps de réagir. Aux abords de leur piste, il prélève régulièrement dans leur rang, content de n'avoir qu'à tirer la langue pour se gaver. Elles continuent en file indienne sans s'affoler. Et dire que la cigale priait la fourmi sa voisine. Rassasié, le reptile reprend le chemin des racines.

11 heures

Je me suis trompé. J'ai pensé qu'un arbre, un livre, une cabane, de l'eau de source, l'amour des siens suffisent à l'existence. J'ai oublié la loupe de botaniste. Elle va m'ouvrir une porte. Le pic épeiche m'initie dans un temps clair.

Tous les jours, le sous-bois résonne de ces becs martelant les troncs à la recherche de larves ou d'insectes. Ce marteau-piqueur tambourine pendant cinq à vingt secondes. Sa boîte crânienne est ingénieusement conçue pour la violence des coups. Une paupière spéciale évite (on n'est jamais trop prudent) que l'œil sorte de son orbite pendant les frappes. La forêt absorbe l'onde des chocs. Le trou creusé, sa langue immense et effilée lui sert à fouiller les méandres et les galeries des troncs. Il lape les larves.

Les pics cognent sur tous les vals à intervalles réguliers. Au printemps, briser l'écorce et l'aubier sert autant à se nourrir qu'à flirter. Ils jouent du tambour pour le cœur de ces dames. Le rythme et la force de frappe indiquent la puissance du reproducteur et l'étendue de son territoire. Faire la cour, chez les pics, est un casse-tête.

Un couple de pics épeiches a élu domicile dans l'arbre mort au nord de la cabane. J'ai eu les oreilles cassées par le mâle séducteur. Environ douze mille coups par jour. J'espère que le tapage nuptial a au moins le mérite d'amorcer un trou pour leur nichée.

Le tronc, chandelier en décomposition, accueille une ménagerie. Les arbres morts-vivants sur pied sont des sanctuaires de diversité. Des colonnes de victoire dressées sur l'équilibre forestier. Leur carcasse abrite des centaines d'espèces qui se partagent la demeure. Que de vie dans un arbre mort ! En forêt, plus le bois mort, volis et chablis, gît en pagaille, plus c'est signe de bonne santé. Moins il est aisé de se promener en sous-bois, meilleurs ils sont pour les hommes.

En haut du chêne-squelette : les mésanges. Celles qui viennent sur mon chêne récolter les chenilles pour nourrir leurs petits. Près de quatre cents allers-retours par jour. Une éclosion des œufs synchronisée depuis des siècles avec celle des chenilles. Des milliers de feuilles de chêne sauvées des poinçonneurs. À mi-hauteur du tronc, un couple de sittelles est arrivé en second. Elles ont aménagé d'un peu de boue l'ouverture trop large d'un trou. La femelle couve. En dernier lieu vient de s'installer au rez-de-chaussée le couple de pics.

Nichant à l'endroit même de son garde-manger, le mâle tambourine.

Est-ce possible de couver sereinement avec un voisin qui martèle aux murs de votre maison du matin au soir ? Les deux sittelles sont excédées. Je compatis, amusé de leur cirque. Quand le pic lance un nouveau forage, saccades et vibrations m'ouvrent aux querelles de voisinage. Le couple de sittelles se précipite pour déloger l'importun. À pleine vitesse, tournant autour du tronc, elles plongent bec en avant en Stuka sur le pic. L'affrontement se répète une dizaine de fois.

Au moment du choc, le pic épeiche ouvre grand ses ailes en bouclier, s'accroche des griffes au tronc. Résiste de sa queue rigide appuyée sur l'écorce. Dandy imperturbable dans son frac rouge et noir, il creuse plus profond entre deux estocades, peu soucieux du manque de reconnaissance de ses attaquants. Les sittelles sont en effet logées dans un ancien trou de pic. À moins qu'elles ne s'inquiètent pour leur progéniture. Le pic prélève parfois grâce à sa longue langue dans la profondeur des nids des oisillons.

Comment imaginer s'ennuyer, seul dans la forêt ? Ma vue plonge sur les appartements de mes voisins. Dans mon journal : « *Vivre comme un oiseau est l'une des choses les plus douces qu'il me soit arrivé. Je ne m'inquiète pas du lendemain. Sobriété déconcertante. Volatile.* »

15 heures

Je sculpte une cuillère. Dans un merisier tombé au sol, j'ai coupé une bûche. Du bois sec, j'ai réalisé une planchette de deux centimètres d'épaisseur et dessiné la forme d'une cuillère au crayon. Je taille l'ébauche avec mon couteau forestier. Un poignard rustique. Le manche en bois de genévrier vient de cette forêt. Orange veiné de sang. Comme métal, j'ai pris un morceau de ma barre à mine. Cette lourde barre de fer m'avait tant servi à planter les piquets de clôtures. Passé à la forge d'un ami, j'en ai façonné une lame épaisse, brute de feu, au tranchant vif. Un couteau fait à la paume de ma main.

La ramure basse d'un if s'agite au sud. Soudain le bois pourpre et le vert sombre cinglent l'air. L'arc-branche se débande sous la dextérité d'un écureuil. Le printemps l'a tiré de sa nuit. Il fouille dans l'humus quelques vivres cachés, se fait les dents sur un gland puis reprend la voie des airs, plus commode et plus sûre. Il passe à ma hauteur dans les houppiers. Funambule : les branches de chênes forment sa ligne de crête. Les montagnes de feuilles se plient à ses bonds. Toute la forêt s'assouplit. Il saute un peu court une crevasse entre un alisier et un hêtre. Se rattrape en bout de rameaux. Reprend, élastique. Le roux glisse, hors piste, sur le vert.

18 heures

Trois heures à travailler calmement. J'arrache au bois brut un objet du quotidien. Au dîner, j'ouvre un bocal de compote. Je baptise la cuillère dans la pomme-prune. En bouche : « Trop rugueuse et pas assez creuse, me dis-je. Je dois faire mieux. » Je reprends l'ouvrage. La main prolonge le cerveau, cherchant à tâtons dans le merisier ce qui conviendrait à mon palais.

En la perfectionnant, je rêvasse. Chaque chose relève ou enlève un peu de l'éclat du monde. Mon couteau, les planches de mon lit, le parquet de ma cabane sont comme cette cuillère. Je connais leur histoire. J'en prends soin. Cette cuillère ne m'a rien coûté sinon du temps. Je l'ai ciselée à mon goût.

Le bazar planétaire, non content de nous avoir, par la machine, le rendement et la dette, vidés de nos capacités, réussit le prodige de nous vendre des objets suffisamment médiocres pour que nous les rachetions sans fin. Des objets de nulle part, qui ne s'incarnent dans aucune main ni visage. Sans savoir-faire, les robots nous volent surtout un savoir-vivre.

En sculptant, j'en retrouve un peu et approuve Rimbaud :

> Je regrette les temps où la sève du monde,
> L'eau du fleuve, le sang rose des arbres verts
> Dans les veines de Pan mettaient un univers !

Savoir vivre simplement n'est pas pour moi jouir d'une meilleure qualité de vie ou consommer moins, c'est d'abord apprendre à posséder mieux. La sobriété que je poursuis serait de parvenir à ne rien posséder qui me possède. Même volontaire, je ne connais rien de plus compliqué à atteindre qu'une vraie simplicité.

J'ai acheté il y a trois ans une grande et forte corde pour tenir les bâches sur mes réserves de foin. J'avais un large choix pourvu que ce soit chinois. Vladimir Ilitch a prophétisé à tort : « Les capitalistes nous vendront la corde avec laquelle nous les pendrons. » L'hypermarché universel a réussi à vendre la corde de Nylon à laquelle, un jour sur deux, se pend un paysan français.

La corruption mène le monde et la nature. L'arbre tire profit de ces décompositions permanentes. Humble, il sait qu'il vient de l'humus et qu'il y retournera. Sage, il n'imagine jamais pour son avenir un monde meilleur que celui de sa forêt. L'arbre chaque année se change lui-même et, par son printemps, il élève un peu plus la forêt.

30 avril

Les arbres ce matin sont inondés de brume. Mon chêne dort encore la tête dans les plumes. Les oiseaux à tire-d'ailes le sortent du sommeil. La forêt reste dans les nuées. Elles se dégonflent quand le soleil lance quelques traits pour les percer.

Le pic épeiche inspecte mon arbre. Il cherche dès l'aurore des trésors. Il m'éveille. Je prends ma loupe de botaniste sur ma table de nuit et le suis dans ses acrobaties. L'épeiche part en picassant quelques « chiiik ». Je m'installe sur l'échelle de corde pour parcourir le tronc. D'une main je tiens un barreau, de l'autre j'ajuste mon œil. La position n'est pas très stable. Le verre grossit dix fois les reliefs. Je perçois mieux qu'un autour des palombes. Je change d'échelle à en avoir le vertige. Je tombe.

16

J'atterris sur l'écorce. Un monde s'ouvre avec sa faune et sa flore corticoles. Jusque-là, je voyais la peau du chêne tachetée de mousse et de lichen. Les nuances de gris, d'orangé et de vert, du Monet sur une toile de bois. À la loupe, l'impression est plus forte. Les mousses, forêts miniatures, éclatent de verts translucides. Des arbrisseaux d'émeraude jouent avec les étincelles du jour. Leurs arborescences élancent de fines soies à capsules d'or. Une touffe, coussin de jade, étale ses diadèmes. Je suis, par effraction oculaire, dans la bijouterie des forêts.

Les gorges de l'écorce fourmillent d'habitants. Le lit de ces vallées brunes offre aux araignées, aux mouches, aux papillons de nuit d'excellents logis. Un frelon engoncé dans un creux, mort de froid dans l'hiver, est à la découpe. Au bout de quinze minutes de plongée dans le minuscule, je remonte étourdi sur mon plancher. « Je vais faire mon rituel matinal, me dis-je. Ensuite je reprends mon exploration. »

Les muscles sont entraînés. Je double maintenant mes exercices. Des séries de deux fois vingt par mouvements. Une dizaine d'actions vives, au poids du corps. Je suis en forme. Un bruit de course vient dans mon dos. Deux chevreuils traversent au triple galop. Mon brocard, en spahi, en sabre un autre, le talonnant de ses bois. Incessante poursuite pour conserver son territoire. Le brocard s'est fait une place avec sa compagne au collet de mon arbre. Ce n'est pas un jeune pubère en mal d'espace et de chevrette qui va le berner.

Souvent, après le crépuscule, j'entends les pieds des chevreuils gratter dans les feuilles mortes pour aménager leurs couchettes. Quelques bribes de leurs conversations me parviennent. Un léger « piou » nasal, bien différent de leur aboiement rauque d'alarme. Nous sommes en confiance. Ils connaissent mes routines, mes bruits et mes odeurs. Au réveil, je découvre dans la litière deux nouveaux cercles ovales dessinés dans la terre. Mon vitrail se constelle de ces reposées nocturnes, signes d'amitié.

Les cervidés signent leur place comme les orchidées. Elles percent parmi les lierres, les gratterons et les fétuques, indiquant aux insectes leur position. Le sous-sol se métamorphose. Clic. Le rouge, le violet et le rose apparaissent dans le kaléidoscope des sous-bois. Les précieuses sont nombreuses. Leurs tiges vives plantent des drapeaux pourpres sur les fortins du vert. Les pétales imitent les insectes femelles. Un parfum complète la toilette de saison. Les abeilles, envoûtées par ces fleurs sirènes, tombent sous le charme comme des mouches. Les bourdons, don Juan des orchidées, repartent en vol lourd, ivres de pollen, et me laissent une certaine raison de vivre.

Je trempe une tranche de pain d'épice dans le thé. Bois à la santé des butineurs qui m'offrent le miel. Je croque une poignée d'amandes, mords à pleines dents dans un saucisson. Je pense à voix haute :

— Je reprends du poil de la bête. Voilà la vertu de l'ensauvagement !

À quoi sentais-je que les choses allaient mieux ? À la fureur de vivre. J'ai de moins en moins envie de quitter le monde mais plutôt de lui mettre mon poing à la face.

La vie m'a servi quelques plats fort épicés. J'ai croqué dans ses piments qui ont mis mon cœur à feu et à sang. La souffrance ne fait que révéler ce qui se cache en nous. Elle enrichit les vices ou les vertus en un lent processus masqué. Parfois chez certains êtres, sur les plaies de la vie, grandissent des arbres magnifiques. Ils élèvent des frondaisons au-dessus de l'adversité. Certains hommes puisent aux racines de leur enfer intérieur pour offrir aux autres des rameaux protecteurs.

9 heures

Je monte sur le toit, loupe en main. Mon nouveau jouet me donne le pouvoir de changer d'échelle en un instant. Depuis le haut du chêne : la canopée forestière à perte de vue. Sitôt l'œil sur le verre : l'ancêtre des sylves en miniature. Je baigne mes yeux dans la mousse : des hypnes cyprès, des dicranes à balais et autres sphaignes des marais. J'arpente la *terra incognita* qui m'aide à changer de regard.

Repu de mousse, je m'attarde sur les lichens de la plus forte branche. Les uns chevelus au teint olivâtre, les autres à écailles en peau de rouille. L'un d'eux, touffu, porte des troncs miniatures, gris et turquoise, trapus comme des baobabs chapeautés de cratères. Je crois que cette érection printanière sert pour leur reproduction. J'ai sous les yeux le plus improbable des mariages. Le lichen est un coup de foudre entre une algue et un champignon. Les spores, relâchées par les microcratères, profitent des alizés pour renouveler au loin cette alliance venue du fond des océans.

Mon œil s'arrête sur un coquillage. Je suis sur d'autres rivages. Une coquille pas plus longue qu'un centimètre. Un microescargot en forme de cône avec des anneaux circulaires prononcés.

En me focalisant, j'en découvre un deuxième à la coquille fuselée. Il y a donc un petit peuple de mollusques insoupçonné qui bave sur mon chêne. La loupe sur une écorce, c'est la grande évasion. Je parcours gerçures et crevasses avec l'appétit aventureux de mes vingt ans sautant sur les glaciers caucasiens du mont Kazbek, plongeant dans les eaux lapis des lacs de Band-e Amir en pays afghan. J'ai couru l'écorce terrestre et l'ai vue si belle et si fragile. La même admiration me vient en caracolant sur la peau nervurée du chêne.

Comment un simple lichen ou un minuscule escargot peuvent-ils tromper la routine de la vie ? L'âme a fait de l'œil son éclaireur sur la terre. Plus je regarde la forêt, plus je me sens ignorant. Plus je la contemple, plus je me sens comblé. Victor Hugo avait certainement lui aussi une bonne loupe.

> Une humble goutte d'eau de fleur en fleur tombée,
> Un nuage, un oiseau, m'occupent tout un jour.
> La contemplation m'emplit le cœur d'amour.

La beauté sylvestre qui me plaît n'est pas celle qui éclaire mais celle qui m'éblouit. À ces manifestations discrètes des houppiers, quelques larmes me viennent en gratitude. Plus j'habite la forêt, plus la faveur d'être au milieu de la vie m'habite.

* * *

Qu'est-ce qui a fait que j'ai vu ma vie comme ratée intérieurement alors qu'extérieurement tout semblait une vie d'homme gâté ? Pourquoi ne voir qu'un champ de ruines sur d'anciennes futaies ? Je me sentais enchaîné au-dedans, libre comme un chêne au-dehors. Était-ce une posture, une statue dans la vallée de la mélancolie ?

Je ne crois pas. J'avais au cœur de mes forêts ténébreuses le sentiment d'avoir tout fait pour gâcher ma vie. D'autres que moi aussi l'avaient aveuglément érodée. Je portais dans mon sac à dos, en plus de mes trahisons et mes échecs, les leurs. C'était devenu trop lourd. Je ne pouvais plus avancer, les loups de la culpabilité me cernaient. Était-ce la tête ou le cœur qu'ils me dévoraient en premier ? Une seule certitude : ils se régalaient de mon âme.

Ici, dans mon feuillu, pourquoi me retourner encore sur les sentiers du passé et faire marcher les remords ? Je note le 4 mai dans mon journal : « *J'essaye, rien que pour aujourd'hui, de ne pas me complaire dans les rameaux de la peine. Elle n'est d'aucune utilité. Maintenant je m'en occupe, plus qu'elle ne me préoccupe. Je la délie petit à petit de mes branches. Je la laisse tomber comme des écailles.* » La souffrance, détestable, trouve un sens quand les bourgeons du mal font éclore sur l'arbre une étoile.

Au cœur des bois de l'affliction, la vie m'avait posé une question : « La corde ou la vie ? » Le cercueil ou l'arbre. J'étais au collet du chêne comme on est au pied du mur. J'ai eu quelques hésitations. Et puis j'ai choisi : « Rien que l'arbre. »

* * *

Qui est ce gastéropode minuscule ? Que fait-il loin de la mer ? Mon coquillage s'avère être un clausilie. J'en découvre un troisième dont le dôme hélicoïdal s'anime. De l'habitat pointu et spiralé s'avance un petit corps élastique et perlé. Il étire ses veinures brunes. La langue de chair glisse, lente et hâtive. Quelques pouces à peine sur l'écorce. Il vit au temps des lichens qui grandissent d'un millimètre par an. Quand les escargots de Bourgogne portent une maison, le clausilie, lui, traîne un donjon. Deux cornes s'élancent bille en tête dans les forêts de mousse. Il part brouter son plat de résistance, des salades de lichen chevelu aux saveurs d'algue. À la loupe, je le regarde droit dans les yeux. Des grosses boules noires sur un bilboquet de chair. Lui m'a à l'œil, rétractant ses tentacules au moindre mouvement brusque. Je le laisse à son déjeuner. Je vais au mien qui ressemble aujourd'hui au sien.

13 h 30

J'ouvre un bocal de rillettes d'oie. Les accompagne d'une salade de feuilles. Je n'ai qu'à tendre le bras pour prélever les claires pousses naissantes du chêne et du hêtre. Je descends récolter du tilleul et de l'aubépine. J'assaisonne le tout d'un filet d'huile de noix. Je goûte le tendre et le vert des forêts, surpris que le goût soit meilleur que l'idée d'en manger.

Je prends l'habitude de déguster ces fraîches salades forestières. Une préférence pour le tilleul et l'aubépine. J'y ajoute parfois quelques pousses de houx fragon qui dans leur jeunesse ressemblent aux asperges sauvages.

Le reste du jour est une promenade de santé dans ces particules forestières. Passant d'un lichen à une mousse, d'un clausilie à une courte fougère, je me dis : « C'est drôlement bien fichu, ces spirales de coquille et ces mousses étoilées. On dirait le tourbillon des galaxies. » L'homme n'aurait jamais dû chuter des arbres, c'était le paradis.

Le Créateur a fait jaillir la forêt avec des mains d'orfèvre et des nombres d'or. Les grands artisans se reconnaissent à la perfection dans le détail. C'est leur signature. Dieu, je crois, fut le premier à se retirer dans les arbres. Il se promène incognito dans son œuvre, dans ses feuilles vertes où se lit l'Évangile des forêts. Et je pressens dans ces pages de nature une saine trinité : l'intelligence de la conception, l'éclat qui s'en dégage, l'harmonie avec l'ensemble. Tous sont en tout. Tout est lié de beauté.

Et si ce soir-là je m'éteignais dans mon lit mezzanine d'une mort douce et naturelle, je pourrais crier comme Alfred Le Poittevin, ami de Flaubert et oncle de Maupassant, suppliant sur son lit d'agonie qu'on le laisse partir : « Fermez la fenêtre, c'est trop beau, c'est trop beau. »

19 heures

Les petites sittelles sont nées. Un grimpereau descend, bec en tête, le tronc d'un érable voisin. Il trouve enfin une proie. La chenille est bien grosse. Il agite la tête, la frappe plusieurs fois contre l'écorce. Elle se contorsionne. S'épuise. Lui, ouvre un large bec et l'avale.

En fin d'après-midi, j'essaye d'écrire quelques lignes : « *Me voilà à désespérer de mon désespoir. À douter que je suis condamné à la nuit.* […] *C'est quand on n'attend plus rien de la vie qu'elle finit par nous atteindre.* »

Ma traversée du désespoir m'aide à m'estimer. J'imaginais que l'amour est d'aimer son prochain comme soi-même. Mais le plus difficile est peut-être de s'aimer soi-même assez pour aimer au mieux son prochain. C'est dans la mesure où l'on se connaît et se chérit avec justesse que l'on peut tracer un destin libre.

Je tiens depuis ce jour le minuscule monde des sylvains comme l'avant-poste des forêts intérieures. La transparence d'une mousse, la minutie d'un lichen ne me révèlent rien par elles-mêmes. Elles sont le porche des mystères et me font entrer dans l'âme de la terre.

Une vie qui cherche à respirer s'accommode mal du béton, du profit et du bruit. En nous urbanisant, nous avons tourné le dos aux futaies. Il y a tant de cathédrales en forêt. Se couper des arbres, c'est abattre des ciels en nous.

17

8 mai

Un fracas bref rompt le chant entêtant d'un coucou. L'air vibre sous le fouet des branches. Le sol tremble en recevant le fût. Le sous-bois résonne. Un arbre vient de tomber au champ de bataille de la lumière et de l'eau. Au bruit, certainement un géant. La grande paix se fait après la chute. Le peuple des forêts observe une minute de silence. Les arbres inclinent la tête. Profonde tranquillité. Le calme habité de la sylve se vit plus qu'il ne s'entend. Tout devient léger dans les frondaisons. Fragile silence. Attentif, j'écoute sa puissance.

11 heures

Je prépare un café de chêne. Il finira bien par pousser en moi. Je tourne la poignée du moulin pour broyer les fruits. À chaque tour, l'antiquité non graissée grince gaiement. Le rouge-gorge se pointe attiré par le chant de la manivelle ! Je ne l'avais pas vu depuis un mois. Je dépose sur un rebord des miettes de ma poudre. Un pinson picore avant lui. J'en remets. Il vient.

De mon balcon des cimes, je perçois irrégulièrement quatre sons du monde. Deux fatigants venant du fond des raffineries : l'accélération des motos dans la nuit, une tronçonneuse frénétique certains mauvais jours. Deux airs plaisants venant du fond des âges : les cloches lointaines d'une église, une trompe de chasse, écho des vals.

Je donne raison à Thoreau qui notait au printemps 1841 : « J'entends un homme qui sonne du cor dans le soir tranquille et crois entendre la plainte de la nature. Dans ce son que je rattache à un homme, il y a pourtant quelque chose de plus grand que l'homme. C'est la terre qui parle. [...] À travers l'ombre et le silence tout ce qui est grandiose semble surgir ici. »

Tous ces sons semblent loin. Les frondaisons feutrent le monde. J'ai fui son raffut : notifications, vibrations, sonneries, inondation d'informations. Je n'entends plus les cris des viols et des violences. Le fracas des armes et des larmes. Je ne subis plus tous ces bruits qui n'en font pas : lumières incessantes, lampadaires, éoliennes, écrans publicitaires.

Des forêts fragiles et rassurantes aux mégapoles tumultueuses et polluantes, le monde sauvage a changé de terriers. Les bêtes qu'on dit « sauvages » par leurs liens aux arbres me semblent civilisées. Ici je suis ailleurs. En « For-estis », « hors de ». Un lointain singulier en restant en France, à moins de dix kilomètres des miens. Pas de plus bel ailleurs qu'un arbre, petit coin de parapluie contre bien des calamités.

La forêt épure. Elle filtre le carbone, l'oxyde d'azote et les poussières de particules fines. C'est d'ailleurs par tout ce qu'il respire dans l'atmosphère qu'un arbre grandit le plus, bien plus encore que par l'humus. Sa surface foliaire assainit l'air et les mœurs.

15 heures

Quatre sons. Quatre notes puissantes et claires sifflées dans le très haut. Quel volatile flûte à en charmer la canopée ? Je ne le saurai pas. Il lance ses exclamations à la foule des sous-bois. Ses notes semblent être « mi-sol-do-mi ». Ça siffle vigoureux, enjoué comme un palefrenier aux écuries.

18 heures

L'arbre ne fait guère de bruit. Il attire rarement l'attention à lui. Est-ce pour cette raison qu'il nous rassure ? Les arbres cachent l'or et protègent les mines du silence au creux des mousses et des écorces. Le silence des forêts me crie : « Écoute un peu respirer la Création. » Comme à Dodone, le plus ancien sanctuaire grec, les oracles écoutent dans les bruissements des chênes sacrés les messages délivrés aux hommes par les dieux. Comme Abraham perçoit le souffle de Dieu au chêne de Mambré.

Le désastre entraîné par la chute de l'arbre me fait descendre de ma vigie. Je pique sur l'effondrement. C'est un auguste hêtre au bas flanc du coteau. Ses racines n'ont su embrasser plus longtemps le versant calcaire ruisselant des dernières pluies. Un vent l'a achevé. De fortes bourrasques, hier, ont chassé une mauvaise grêle des saints de glace. Un ciel saphir a pris place. Le hêtre a balayé en tombant des frères robustes et ouvert une clairière en moins de dix secondes. Les passereaux, étonnés qu'un perchoir si grand puisse sombrer en un coup de vent, en ont eu le souffle coupé. Seul le siffleur persiste. Bientôt des centaines de jeunes hêtres lanceront la régénération. Lui se décompensera pour ses petits, offrant à sa descendance un terreau fertile.

Levant la tête, je vois la large trouée bleue dans les houppiers. Instinctivement, je pense : « L'arbre mort laisse place à la lumière qu'il cherchait depuis sa naissance. Voilà un destin et une fin. Je me rallie à son panache vert. » Ce soir-là, en remontant dans la cabane, je n'écris qu'une seule note : « *J'aimerais mourir comme un arbre, vivant et debout, en brave !* »

* * *

De Franche-Comté, par ma mère, l'esprit d'un mousquetaire gris coule dans mes veines. Mon esprit cavalier vient de mon père, un hussard tombé dans un siècle où le marché triomphe. Napoléon eût trouvé en lui un ami ou un général. Il m'apprit à charger les obstacles de l'existence avec élan, sabrant la bêtise et la couardise.

Bon cavalier, il nous a transmis l'amour des chevaux. J'ai appris à monter. Peu, mais assez pour y tenir et tenir les rênes. L'été était propice aux virées équestres. C'était un jour d'août. Je devais avoir quinze ou seize ans. Dans un long chemin forestier, je poussai le cheval d'une talonnade à sa plus vive allure. J'aimais tant. Moins d'une minute après, je chutai violemment. Choqué, penaud, je rentrai à la maison, à pied, cheval à mes côtés. Mon père me vit de loin et comprit à ma mine.

— Rien de cassé ?

— Non, ça va.

— Bon, ce n'est pas grave, ça arrive même aux meilleurs cavaliers. Il faut te remettre en selle.

— Demain, peut-être, dis-je échaudé par la culbute et les bleus.

— Non, il faut remonter tout de suite.

Mon père fut rassurant. Tremblant, je remontai. Il me mit le pied à l'étrier. Je repris le chemin du bois et des vals et relançai ma monture. Emporté par un rapide galop, je filai en forêt plus vite que Marengo. Grisé. Cœur battant, bride abattue. Mes compagnons de chevauchée n'étaient autres que les arbres. Charmes, chênes et érables saluaient mon passage de leurs rameaux. Les embruns sylvestres fouettaient mes sens et mon visage. Cavalcade lancée à pleine charge sur ma chute et mes peurs.

J'étais tombé de la vie. Je pensais à mon père : un pied à l'étrier, du génie et du sabre. À califourchon sur les branches, je remonte ici en selle. Mon chêne en Pégase me fait cavaler de ses ailes-feuillage au-delà des forêts de la désolation.

20 h 30

La nuit tombe sur le massif forestier, heureuse de ne pas s'écorcher sur un lampadaire. J'allume quatre grosses bougies. Un air de fête s'installe. L'arbre est phare. Les papillons de nuit décorent les fenêtres. Des petits sphinx écarquillent les ailes derrière ma vitre. J'écarquille les yeux sans avoir à les épingler. Je guette le silence. Trois chauves-souris dansent devant la lune et se rient de moi en grincements moqueurs.

Mon riz est raté, trop cuit. La sauce tomate maison ne change pas le goût de brûlé. Quelques verres d'un vin de garde rattrapent mes étourderies. En dessert, des noix trempées dans du miel et une infusion de mélisse sauvage aux saveurs d'amande et de citron.

J'ai fait sécher un bouquet de ces mellites à feuilles de mélisse. Elles se tiennent, tête à l'envers, à côté de feuilles de tilleul, d'ortie et de bétoine. Ces mélisses des bois, je les ai ignorées jusqu'alors. Telle l'abeille, je me suis intéressé à elles grâce à leurs fleurs. Petites fées blanches tirant une langue rose. Elles s'accrochent à une longue tige garnie de feuilles triangulaires et dentelées. Sorte d'ortie non urticante et fleurie. À vue de nez, je n'aurais pas parié un sou sur leurs fragrances. Je mets mes narines au parfum de ces notes. Les cloches lancent des volées de miel et de poivre léger. Ma tête résonne.

La vaisselle est plus longue qu'à l'habitude. Le fond de la casserole est calciné. Je gratte, regratte. Enfin, je monte me coucher quand le vrombissement lourd d'un coléoptère s'approche. Au moins la visite est-elle annoncée. L'inattendu ne se repose-t-il donc jamais en forêt ? Qui est-ce ? Un hanneton. Un mâle. Un malin. À peine posé sur le parapet, il déniche un interstice entre les planches et les fenêtres et se faufile chez moi, attiré par la lumière. Il trouve normalement ses repères grâce à la lune. Mon phare l'a désorienté.

Je saisis l'occasion et ma loupe. Je surveille son atterrissage. Il tourne maladroitement dans ma cellule trop étroite pour ses premières expériences aériennes. Ses élytres acajou et ses ailes de soie sont mal taillés pour son poids. Pas besoin de mon monocle grossissant pour constater que ses proportions sont ratées.

Il n'est pas beau, mais pas totalement laid non plus dans les détails. Son vol titube comme s'il sortait d'un cabaret, ivre de ses pintes préférées : la sève de feuilles de chêne. Il les boit, les broie avec sa mâchoire-pince. Une poigne de velours et de fer. Lentement il me montre ses antennes orange. Déployées en éventail, elles soulignent un peu de grâce dans sa pesanteur. Ses deux élégants cils lamellés de sept doigts servent-ils pour des clins d'œil séducteurs ?

Une femelle, toute rousse, ne se fait pas prier. Elle entre avec la même ingéniosité dans ma chambre devenue nuptiale. Ma maison n'est pas close. L'accouplement est appliqué sous le feu des bougies-projecteurs. La belle pourra pondre des œufs fécondés. Je me réjouis que mon plancher serve de scène aux hannetons mais je tombe de sommeil et rêve de mon lit. Pour une fois j'aurais préféré voir ça à la télé. Ici point de télécommande pour couper l'interminable documentaire animalier.

Mon toit pour l'instant évite à ces deux scarabées de se faire avaler par une chauve-souris. Leurs ébats théâtraux terminés, j'essaye de les attraper pour les sortir. Ils sont vifs, fabuleusement rapides. Ils n'y mettent pas du leur pour quitter les planches. Peut-être devraient-ils dans leur évolution des prochains millénaires s'en tenir à la marche plutôt qu'au vol. Il faut dire que leur vie souterraine ne les a pas aidés à devenir pilotes d'essai.

Les larves des hannetons passent trois ans dans le noir à se gaver de racines. Une fois quittées les radicelles de leur enfance, ils filent dans les airs pour goûter aux rameaux. Les hannetons piquent les chênes de la tête au pied. Puis vient l'heure de l'envol amoureux, et la mort les fauchera dans le mois qui suit. Il faut donc se reproduire, et vite. Une génération tous les trois ans seulement. Ce printemps m'est assurément favorable.

J'ouvre la fenêtre pour offrir à la femelle toutes les chances de pondre. Idiot. Les papillons de nuit s'engouffrent et se précipitent sur les bougies.

Toute la semaine, des compagnies de hannetons viennent me visiter. Une chouette hulotte garde l'œil. L'éclosion des nymphes ne lui a pas échappé. Elle se pose un soir dans mes branches. J'aimerais la caresser. Les dames blanches sont ingénues. « Yhui, yhui », fait-elle en se répétant. Le dîner va être croquant.

Le hêtre tombé, les coléoptères vrombissants, les papillons sphinx affolés, tout ce jour a tenu mon attention en haleine. Quelques semaines seulement ont rendu mon esprit de nouveau disponible. Je me suis désintoxiqué. Ce ne sont pas les merveilles qui manquent à notre monde mais notre regard qui manque au merveilleux.

Aimantés par les loisirs, les écrans, les achats, nous sommes de pauvres papillons, proies faciles des lumières artificielles. Le monde actuel est un magicien qui détourne nos sens pour nous couper de l'essentiel.

Que faire ? Peut-être se souvenir avec Camus du courage des anciens : « Nous avons exilé la beauté, les Grecs prirent les armes pour elle. »

Restera-t-il dans les siècles prochains quelques êtres attentionnés ? Où seront les sentinelles des citadelles du silence, prêtes à rallumer les étoiles ? Qui brandira, sur les ruines du village global, dans le bruit des cités uniformes, ce drapeau à la hampe de nuit : les couleurs du merveilleux ?

18

— N'as-tu pas peur de la solitude ? m'interrogeait mon ami Sébastien avant mon départ.

— En forêt, jamais !

Réunions, dîners, soirées… combien de fois me suis-je senti seul ? Je suis serein ici sans rendez-vous ni réseau. Le végétal plus que le digital. Le vert et les vers de Hugo :

> Quand je suis parmi vous, arbres de ces grands bois,
> Dans tout ce qui m'entoure et me cache à la fois,
> Dans votre solitude où je rentre en moi-même,
> Je sens quelqu'un de grand qui m'écoute et qui m'aime.

Un lieu sans connexion est un sanctuaire inespéré. La forêt me débranche et me connecte à elle. Mes journées sont branchées au flux incessant du printemps. Un très lent débit brut ou élaboré. Le réseau sauvage me visite.

16 mai

Hier, c'était un couple de blaireaux, ce soir un solitaire débarque. Un de ces sangliers émancipés et détachés de sa compagnie. Il va sans se soucier d'être seul. Et personne ne se soucie qu'il le soit. Le sanglier devient en grandissant un singulier, par caractère et étymologie. Sa défense, c'est l'assurance. Il marche à son gré. Être solitaire n'est pas une offense aux siens ni à sa terre dont il demeure solidaire.

Ses pas martèlent le sol qu'il fouille du groin pour quelques vers de terre, racines ou larves de hanneton. Il zigzague, nez au vent. S'arrête pour fouiner. Reprend d'un trot nonchalant et trapu en reniflant de contentement. Il insiste du boutoir entre mon chêne et l'arbre mort. Mésanges, sittelles et pics sont pour une fois d'accord, et moi avec eux, tous réconciliés et heureux d'être à l'étage supérieur de la forêt. La bête noire soulève une branche en décomposition. Laboure le sol. Festoie. S'énerve un peu, puis prend la course vers le vallon plein est. Le solitaire ne reste pas plus de trois minutes sur ma colline. Furtif et réservé, il est l'unique cochon que j'ai aperçu ici. Il en vaut bien deux par la masse et la hure.

Je descends faire le pied. Les marques des onglons postérieurs recouvrent maladroitement celles des antérieurs. Un vieux mâle. La puissance du groin laisse dans l'humus de profonds vermillis. À genoux, je plonge les mains dans la terre fraîchement retournée par le banquet inachevé. Quelques vers de terre, survivants, s'empressent de disparaître. Ils doivent se réjouir de ne pas avoir été la protéine du jour dont les sangliers raffolent pour leurs muscles.

Ils continuent leur labeur : ingérer et enfouir les feuilles mortes. Tous, petits laboureurs, dédient leur vie à transformer la litière forestière en humus fertile. Dans le ventre de la terre, ils digèrent le monde. Le peuple du sous-sol rend aux racines ce que les branches ont fait tomber. Rien ne se perd. L'arbre verse de ses feuilles des offrandes d'automne, espérant que la terre lui fasse grâce au printemps.

La terre, combien de divisions ? Légions de microfaunes et de microflores s'agitent dans les bas-fonds. Insectes, mollusques, vers, collemboles, protozoaires, acariens, myriapodes, actinomycètes… Plus d'un milliard de bactéries dans une petite cuillère de terre. L'une, singulière, la *Mycobacterium vaccae*, est celle de la joie. Quand on a la chance de toucher la terre, de manger des légumes-racines non traités, elle se fraye un chemin jusqu'à nos intestins. Là, elle délie, paraît-il, les nœuds au ventre. Elle aide à ne pas se faire de bile en sécrétant un peu de sérotonine. La terre, un antidote efficace ? La terre, une consolation. Je prends une poignée d'humus sombre et la hume.

Paysan, je me suis rué vers cet or noir comme on se précipitait dans les monts du Yukon. Je me suis planté dans la rudesse de la vie agraire. En respirant encore cette poignée, je me dis : « N'est-ce pas en se plantant, par nos échecs, que l'on s'enracine le mieux ? » Comme une graine, comme un gland de chêne, il me faut consentir à ne plus être pour germer. Se planter dans la vie, la meilleure manière de l'élever.

Cette terre que j'ai travaillée et aimée sans trouver de filon, voilà qu'elle m'offre par l'épreuve un trésor inattendu. Il faudrait apprendre à baiser les pieds de ceux qui nous enterrent. Croyant défendre leurs intérêts, ils ignorent qu'en nous piétinant ils nous feront germer. Il ne faudrait jamais oublier de remercier nos erreurs et nos fautes, elles sont l'avant-garde qui ouvre nos destins.

* * *

Étudiant, je filais souvent aux premières neiges avec un ami jusqu'au haut Jura. En raquettes ou skis de fond, nous cheminions, sac au dos, de cabane forestière en refuge montagnard. Les hauts plateaux étaient garnis de sapins et d'épicéas poudrés, de clairières et de lacs gelés. Ils nous servaient sur une nappe blanche des aventures au milieu des lynx et des grands tétras. Parfois, pour un bivouac, nous creusions au pied d'un grand résineux. Nous nous endormions sous cette tente de branchages improvisée. Sans traîneau mais avec entrain, nous courions les forêts du Risoux et du Massacre devenues notre Grand Nord. J'ai gardé cette manie de coureur des bois et, dans chaque région que je traverse, je m'empresse de saluer l'un des trois cent neuf espaces forestiers français.

J'aime les Landes pour avoir pagayé sur leurs canaux entre hautes fougères et grands plumeaux verts. Les pins, échasses de géants, gardent les dunes de sable et mènent sur leurs épaules à l'océan.

Les sentes forestières croisent parfois celles de l'histoire de France : un oppidum gaulois sur le mont Beuvray en forêt du Morvan pris d'assaut par les hêtres entrelacés ; François Ier dans les chasses royales des bois de Chambord ou de Saint-Germain ; les vieux chênes de la futaie Colbert à Tronçais, plantés pour fournir au pays de solides navires. Un paradis de biodiversité a couvert l'enfer des tranchées de 14-18 en forêt de Verdun. On signa l'armistice dans un wagon en forêt de Compiègne. En 1944, jusqu'à quatre mille résistants se cachaient, se battaient en forêt du Vercors.

Sans quitter l'Hexagone, c'est dans le monde que nous transportent certaines forêts : un air d'Amazonie miniature au courant d'Huchet dans les Landes ; une forêt tropicale à la Gourgue d'Arqué en Pyrénées ; un peu d'Irlande aux tourbières de Machais dans les forêts des Vosges et non loin en forêt de Gérardmer, le souffle boréal des périodes glaciaires ; le goût des savanes africaines avec les hauts pins parasols espacés de la plaine des Maures en forêt de Provence.

J'aime à rencontrer en ces voyages des h(êtres) différents et d'autres peuplements. Il y a en France bien des ethnies sylvestres : des hêtres étranges et tortillards aux faux de Verzy ; des colosses feuillus en forêt de Bercé fruits de générations de soigneux sylviculteurs ; des trognes en forêt de Hattisheim, en Alsace, ou encore un peuple de cèdres régnant en majesté au sommet du Petit Luberon.

En forêt de Joux, j'ai tapé dans le dos d'un sapin Président. Il me regardait du haut de ses quarante-cinq mètres entouré d'un gouvernement de sapinières tout aussi hautaines que notables. On pourrait multiplier par milliers les rencontres avec les arbres remarquables, mais il faut un jour finir enchanté en forêt de Paimpont. Nul besoin des légendes arthuriennes ni de Merlin pour voir que le hêtre de Ponthus et le chêne à Guillotin sont les vrais héros de Brocéliande.

On peut se recueillir sous toutes les frondaisons. Nombreuses sont celles qui ont été les fruits de l'*ora et labora* monastique. Les moines usaient moins de la hache que ne le dit la légende. Toujours ils gardaient une forêt entre le monde et eux. Du silence a jailli parmi les plus belles sylves françaises. Certaines tiennent encore. Parmi mes préférées celles du Canigou, de la Grande Chartreuse, de la Sainte-Baume, de Cîteaux ou du Boscodon.

Tous les massifs montagneux français chaussent leurs piémonts d'épaisses bottes vertes. De quoi marcher sur les chemins noirs qui les traversent de part en part. Humble forêt communale ou forêt d'exception : à peine ai-je foulé les parvis de mousse et passé l'orée de leur narthex que les arbres se penchent vers moi. Ils me prient de ne point comparer les forêts françaises.

Chacune à sa manière s'ouvre en basilique, refuge pour les hommes en période de troubles. Unies sous un même soleil, elles jouent toutes de manière unique avec la lumière.

Dans chaque futaie, en levant la tête, je découvre un vitrail de feuilles façonné par un arbre-artisan. Bien avant les « roses » gothiques de l'art français, les arbres en maîtres verriers savent composer depuis des millénaires avec les lumières des solstices. Les roses de Notre-Dame, de Reims, de Chartres ou de Saint-Denis s'inspireraient-elles des frondaisons : faire marcher l'homme de l'ombre à la lumière, sous les canopées, éclairer au-dedans sans voir au-dehors ?

L'arbre, en oculus, se tient au centre de la *rosa mystica* et étale sa couronne en forme circulaire. Cerclée de rameaux de plomb, chaque feuille se fait verre pour nuancer les éclats verts. Innocentes, elles se laissent traverser par le soleil. Elles flamboient de milliers de tons et éclairent ceux qui vivent sous leurs ombrages. Sur les chapiteaux lierre, sur les colonnes troncs, sur le pavage terre, les reflets des rayons font chanter des verts blonds, des verts sombres, des verts chauds, des verts verts, des verts clairs ou délavés, des verts roux… J'y suis sensible. L'œil humain perçoit plus de nuances de vert que de n'importe quelle autre couleur. Les lueurs dessinent des rosaces. Mon œil se rince de ces médaillons, mon regard est au vert. Ici, les feuillaisons du chêne transcendent la matière en lumière.

2 juin

C'est devenu un rite. Ma femme et mes enfants me rejoignent à la fin de la semaine. La journée dominicale est familiale. Un feu de bivouac au pied de la cabane, saucisses grillées, bananes au chocolat fondu sur la braise. Nous allons parfois chercher l'eau à la source avec l'âne. Je leur fais partager mes découvertes d'apprenti naturaliste. Nous jouons. À leurs yeux, j'ai des œufs cachés plein la cabane.

Nous cherchons les gales fixées sous les feuilles du chêne. C'est l'étrange œuf pondu par une guêpe de la taille d'un moucheron. La piqûre qu'elle inflige aux bourgeons ou aux feuilles donne un drôle de bouton en forme de bille de bois. Les larves s'en nourrissent, l'œuf grossit, une guêpe en sort. On récoltait autrefois les gales de chêne pour l'encre des parchemins. Les enfants s'en mettent plein les poches.

La chasse aux œufs continue. Ils trouvent au fond de mon banc-coffre (celui des réserves alimentaires) les centaines d'œufs ovales et blancs. Les fourmis les ont installés au plus près des miettes de pain d'épice et des grains de sucre. Enfin, une de mes filles découvre entre mon matelas et les lattes de bois la nichée d'une araignée. Cette fois, ce sont des petits ballons de rugby, œufs faits de terre. Une dizaine d'alvéoles savamment assemblées. Les enfants, prévenants, veulent les chasser de peur qu'elles ne me piquent à leur réveil dans mon sommeil.

— Laissez-les tranquilles. Cette famille vit dans l'arbre sans doute depuis bien plus longtemps que moi.

À mieux connaître ceux qui me côtoient, je deviens plus délicat. J'ose à peine déloger mes sœurs les araignées et déplace les œufs des fourmis avec attention.

Je comprends davantage le Poverello d'Assise ou un moine jaïn, incapables d'écraser un moustique de peur de perturber l'équilibre de l'univers. Vivre dans un arbre, c'est sentir la puissance de ces liens invisibles.

Je me sens solidaire des forêts. Un solitaire bien accompagné des bois et de ceux qui y vivent. En moi réside l'ami des vers de terre. Et les vers de terre sont amis des arbres. Les arbres sont amis des hommes, des nuées, des astres. Les astres sont amis des galaxies. Et les galaxies sont amies de l'infini. Je suis un solitaire qui, par un ver de terre, se sent plus solidaire de l'infini.

17 heures

Chamboulant nos coutumes, je propose que tous restent dormir. Exclamation générale au-dessus des houppiers. Dans l'excitation, tout le monde oublie insectes et arachnides. Les enfants trouvent le parquet et mes peaux de mouton aussi confortables que leur lit. Avant la disparition du jour, l'oiseau siffleur se manifeste de ses fortes notes. Le bruissement crépusculaire remplace l'histoire du soir. Je prends le relais, jouant des airs d'harmonica. Tête-bêche, ils tombent avec la nuit, sonnés de sommeil.

Dormir dans les branches enthousiasme tant mes enfants que je les invite à tour de rôle. Durant le mois qu'il me reste à vivre ici, chacun viendra me rejoindre vingt-quatre heures pour goûter au bonheur des arbres. La forêt, une école de liberté qui se passe de pédagogie. Ne serait-ce pas l'arbre qui a appris, par la brachiation, aux premiers hommes à se tenir debout ?

19

J'avais dix ans, l'âge de ma fille aînée, quand j'ai trouvé mes premières truffes. L'hiver était doux. Je jouais au Sioux à la lisière d'un bois, imitant le cri de la buse. Un grand genévrier entremêlait ses racines à celles d'un chêne maigrelet. Une mousse rase et brûlée annonçait un coin propice au champignon souterrain. J'y mis le nez à tout hasard. Il fut heureux. Ça sentait plus fort que la terre. Une odeur de musc. À l'aide d'un bâton, je creusai fébrilement, suivant des narines le parfum. J'en trouvai une, deux… Je revins à la maison, triomphant de pépites noires. Mon père me regardait les sortir des poches, une à une. Sept truffes rondes et mûres. Je lus dans son regard clair combien il était fier.

Mon amour pour la terre et les arbres a dû naître là. Quand des années plus tard, devenu berger, mon border collie Betty a cédé aux avances d'un labrador mâle, j'ai gardé de l'union imprévue une petite chienne croisée au pelage noir, aux pattes et à la gorge trempées de blanc. Cette fille est douée de flair autant que sa mère l'était pour mener les brebis. À mes heures perdues, en gardant le troupeau, j'ai appris à Gubbia à chercher les truffes.

Les chiens sont comme les arbres, ils nous en apprennent plus sur notre nature que sur la nature. Quand Betty est morte, j'ai pleuré. Elle avait réussi à faire exister entre nous une fidélité ardente. Parfois des chiens aiment comme les humains ; parfois c'est l'inverse !

Gubbia a repris le flambeau. Championne des truffières, elle tire hiver après hiver des filons – les racines des chênes – un peu d'or pour relever nos palais gourmets. Je cave les truffes comme on pêche à la mouche.

La *tuber* et le chêne s'aiment fidèlement, comme l'algue et le champignon enfantent le lichen. La boule noire s'accroche aux radicelles et s'y développe. Elle apporte à l'arbre des minéraux, du phosphore et autres mets délicats que le chêne a du mal à extraire du sol. En échange, l'arbre-hôte livre un peu de sucre issu de la photosynthèse. La truffe, qui ne voit jamais la lumière, profite des feuillages du chêne. Elle grossit et mûrit.

Quand le moment est venu de se reproduire, elle demande à d'autres de l'aider. Contrairement au bolet ou à la girolle, elle n'a pas de quoi percer le sol forestier. La truffe s'y prend comme les plantes. Toute reproduction a un parfum de séduction. Le ver de terre en ingérant les spores de truffes les éparpille à proximité. Pour voyager au loin, elle s'adresse aux mammifères gastronomes comme le sanglier. Par ses fragrances aphrodisiaques, la truffe attire les laies. Le cochon sauvage l'avale, la digère et dissémine les spores au fil de ses déambulations nocturnes.

La truffe, le chêne, le sanglier, le ver de terre, chacun tire le meilleur de l'autre. Et la truffe enivre de son parfum ses amants : « Dévorez-moi et vite », lance-t-elle au premier venu. Avec mon chien, mon premier plaisir est de les caver les matins de givre. Mon second, en bouche, des lamelles de truffes marbrées dans un œuf cocotte qui offrent les effluves charnels de la terre.

* * *

Son chien capricieux ne cherchait pas les truffes. Gaby demanda l'aide du mien. Comment refuser quoi que ce soit, moi jeune pastoureau, à ce berger de quatre-vingt-trois ans ? Toute sa vie s'est déroulée sur le causse quercynois à élever des brebis. Nous allions tous deux à travers les pierriers superbes de rudesse sur les pentes qui font face à la cité de Rocamadour. Gaby traînait un peu la patte dans ses grolles de cuir. S'accrochait parfois à un chêne en guise de canne. Un vieux pantalon large, une parka délavée. Il sait tout de la terre, parce qu'il en aime bien une seule. Il n'a pas eu besoin de faire le tour du monde pour savoir qu'il faut préserver le sien.

Dans sa jeunesse, les brebis rapportaient à la hauteur de ses efforts. En complément, les chênes cultivaient gratuitement l'or noir. Il se baissait, grattait la terre aux bons endroits et ramassait les truffes comme des pommes de terre. Des paniers. Et puis, sans prévenir, les excès de la modernité avaient débarqué. Les arbres disaient leur mécontentement. Ils ne donnaient quasiment plus de *tuber*. Gaby avait son explication :

— C'est cette foutue autoroute, je te dis. L'A20. Ils ont coupé la forêt et mis le bitume, la chaleur monte, ça a fait une barrière. Maintenant les orages sont retenus. L'eau ne vient plus ici au mois d'août. C'est simple, pas de pluie en été, pas de truffe en hiver. Et la truffe est morte. Ah, c'est malheureux. C'est vraiment malheureux !

Les mines truffières de la région se sont taries comme les sources du pays s'enfouissent dans les failles calcaires. La vitesse, Paris-Toulouse, avait peut-être eu raison des truffes. La mondialisation avait eu raison par les prix de l'élevage des brebis. Gaby arrêta au moment où l'on incitait les agriculteurs à devenir producteurs de protéines en série. Malin, il ouvrit avec sa femme un camping à la ferme : « Chez Gaby ». Ils élevaient des touristes. Les moutons de l'été rapportaient bien aussi. Gaby et sa famille, plutôt que de larmoyer, s'étaient adaptés. Tout le monde y trouvait son compte.

Le vieux pâtre avait eu encore un espoir dans les années soixante-dix. Il avait pu se payer avec l'argent d'une saison de truffes une fourgonnette neuve. Depuis, quasiment plus rien. Si peu, du moins, en souvenir de l'abondance du passé.

Il se confiait à mesure que nous descendions le coteau. Nous arrivions là où ses maigres attentes le guidaient. Cachée entre deux falaises, une combe s'était fardée de chênes pubescents. Elle baignait de lumière et d'humidité, ce qui est aussi rare que la truffe sur ces terres de pierre et de chaleur. La *melanosporum* au frais se plaisait encore un peu. Nous en cavions quelques-unes. Gubbia flairait et marquait les truffes de la patte. Elle ne se trompait pas. S'asseyait quand elle était certaine. Nous creusions à l'aide d'un vieux tournevis et sortions le champignon secret comme on déterre un louis d'or. Je récompensais le chien de fromage et de lard. Gaby caressait Gubbia.

— C'est que tu fais des miracles, toi. T'es sacrément forte, disait-il, enchanté de retrouver le parfum d'une jeunesse.

Nous fîmes une pause pour ménager Gubbia. Les chiens truffiers, à trop chercher, s'enivrent parfois jusqu'à en perdre la tête. J'admirais la combe ovale ceinturée de chênes, îlot vert, caché.

— Comme c'est beau, ici, Gaby.

— Tu as raison, c'est beau. C'est même très beau. Mais la beauté, tu vois, ça ne paye pas !

23 heures

La nuit noire avale le dernier croissant de lune. Les enfants ronronnent sous le lit mezzanine où nous sommes blottis. Les glapissements de renardeaux chahutant autour d'un terrier traversent l'obscurité. Mathilde écoute. Elle communie avec ce qui m'est devenu familier, les jappements lointains des renards dans les calmes sombres. Ce soir, nous avons un mètre de matelas à partager. Grimper aux arbres rapproche. Je la remercie du temps qu'elle m'offre pour recouvrer des forces. Elle m'avait incité à prendre quelques congés après mes années agricoles :

— Change-toi les idées. Va prendre l'air.

Envolé. Me voilà perché.

Mathilde, c'est mon arbre. Elle apprécie que ma mélancolie soit, au moins, romantique. Nous disposons d'un baldaquin dans la canopée pour nous aimer. Je chéris l'altérité. La femme est de loin l'arbre qui me redonne le plus confiance dans les hommes.

20

5 juin

Au plus haut du chêne, il se signale d'un son étrange : « Crouicc, crouicc. » En forêt, je n'ai jamais entendu un tel craillement de perroquet. Il joue à cache-cache. Les frondaisons le dissimulent. À son furetage, je note qu'il n'est pas du genre petit grimpereau. Les feuilles s'agitent. Il saute de branche en branche avec une rapidité déconcertante. Et puis il se montre : une livrée jaune vif tranchée par le noir des ailes. Il explose, lumineux, dans le vert.

Il est là, tout près. Mes yeux suivent sa danse. Il flûte ses quatre notes retentissantes : « Fi-de-li-o », si bien ajustées à sa robe éclatante. Je me trouve idiot de n'avoir songé à lui plus tôt : un loriot. Il porte dans son nom sa couleur et son chant. Il aura fallu du temps pour que l'oiseau siffleur mette bas le masque. Certes le loriot est habile à se cacher, farouche comme un sanglier, mais comment ai-je pu ignorer qu'il niche lui aussi dans la forêt qui m'est la plus familière ? Lui le migrateur, l'exotique africain vient au printemps se reproduire à deux pas de mon chêne comme les huppes et les coucous.

Les arbres, chanceux, voyagent sans bouger. Les merveilles du monde viennent à eux. Les migrateurs font des milliers de kilomètres. Et moi, à cheval sur le dos d'un chêne, j'accomplis ce périple. Je voyage immobile. J'apprécie de poser sur le monde le regard printanier d'un chêne.

Immobile, l'arbre ordonne comme un dieu. Aux oiseaux, aux rongeurs, il dit de se reproduire, ils le font ; aux mésanges de venir manger les chenilles qui lui démangent les feuilles, elles accourent ; aux abeilles, aux insectes et aux alizés de féconder ses fleurs ; aux nuages de pleuvoir ; aux vers de transformer ses feuilles en terreau ; aux champignons de l'abreuver ou de passer des messages ; au soleil de lui donner du sucre… Immobile, il reçoit, il offre, il va. Mon chêne me supporte. Il supporte tout son monde. Les arbres sur la terre supportent le monde. Peut-être le soulèvent-ils même ? Ils sont le point d'appui que cherchait Archimède.

Le printemps finit de tisser ses jours. Je vois mon séjour filer vers son crépuscule. La souffrance n'a pas disparu mais la paix a pris un peu de place. Pour une bonne part, j'en attribue la responsabilité à la forêt. Je ne pourrais parler de sérénité véritablement mais d'une absence de trouble intérieur. C'est précieux.

C'est un long et périlleux voyage que la traversée des forêts, mais c'est le seul, au bout des ténèbres, qui nous fasse atteindre les lisières de l'espérance. Seul l'être désespéré de lui-même et du monde peut en apercevoir, dans l'obscurité totale, quelques étincelles.

6 juin

Au pied de la cabane, je crois avoir trouvé une espèce protégée. Les feuilles larges, étrangement réparties en palmier, m'ont intrigué. Ma chance forestière ne tarit pas. Tout, dans les bois, me réussit. Est-ce pour cela que la chevrette vient au même moment me présenter son faon ? Accroupi, je retiens ma respiration. Les chevreuils ne perçoivent bien que les mouvements, leur vue est trop peu précise. La mère marche devant, en alerte. Le petit, agile sur ses brindilles, suit, aussi innocent que les taches blanches de son pelage.

Je m'interroge : « Si le chevreuil se délecte de ces bourgeons sucrés dont il raffole, je ne verrai jamais l'éclosion de ces fleurs. Faut-il faire fuir les cabris ? » Des fourmis me tiraillent la jambe gauche engourdie. Je la bouge légèrement. La chevrette frappe du pied plusieurs fois. Le faon comprend. Il se couche dans les hautes herbes pour passer inaperçu. N'émettant aucune odeur, avec sa peau tachetée en camouflage, l'enfance lui offre toutes les chances d'échapper aux prédateurs. Soudain, un fort craquement dans mon dos. Alerté, je tourne la tête. Le brocard est là. Moi qui croyais avoir été discret, il m'avait à l'œil. Il aboie pour donner le signal aux siens : il est temps, après ces présentations, de quitter les lieux.

* * *

Je pense au faon trouvé dévoré un matin dans le grand enclos hivernal. « Ça fera quelques arbres en plus », m'étais-je dit. Les cerfs et les chevreuils ravagent les jeunes pousses et la régénération des forêts. Trop de cervidés tuent la sylve. Autrefois, les loups, leurs prédateurs, étaient ainsi les protecteurs des forêts et des sources.

Quelques jours après, je découvrais une de mes plus belles brebis morte, gorge ensanglantée. Chose intrigante, le trépas lui avait été donné au cou. Je n'eus pas la présence d'esprit de lancer une enquête. Cela s'ajoutait à mes difficultés d'éleveur, une nouvelle tuile à gérer et un chagrin de plus. Je relevai son numéro de boucle à l'oreille. « Demain, je la tirerai du bois. J'appellerai l'équarrisseur pour qu'il l'embarque. Ça me coûtera du temps : deux formulaires à remplir. Ça me coûtera de l'argent : le prix de la brebis pour être dans la légalité. »

Le lendemain, la brebis avait été déplacée de cent mètres. Il ne restait que la laine, la tête et quelques os. Une semaine plus tard, une deuxième bête fut frappée du même sort. Qui était coupable ? Un chien errant ? Depuis trois ans, les loups sont de retour, dans les forêts du Périgord et du Quercy. Là où la mythique « Bête de Sarlat », un loup enragé, avait dévoré au printemps 1766 plus d'une dizaine de personnes.

7 juin

Après avoir balayé ma mansarde arborée, je m'installe en terrasse. Une libellule, une grande, plus verte que bleue, vient me visiter. Que fait si loin d'un point d'eau cette *Aeshna cyanea* ? Elle chasse les insectes au ras des frondaisons. Elle me scrute de profil quelques secondes. Me contourne et m'observe de face longuement en un vol stationnaire. Je dévisage l'odonate. Le temps fait des présents à ceux qui vivent l'instant. Je lis dans ces quatre ailes transparentes un peu des secrets fragiles.

La véritable espérance ne me traverse pas souvent. Dans le vert et dans l'arbre elle m'offre quelques beaux rendez-vous d'amant. Je crois l'avoir saisie furtivement, non comme une bouée de sauvetage mais comme on prend le bras d'une amie chère pour traverser les tempêtes de la vie. Je crois plutôt que c'est elle qui m'a posé la main sur l'épaule. Il me semble que l'espérance est une fée des mondes imperceptibles. Elle ne cessera jamais de voler. À ses côtés, l'existence et le monde peuvent se traverser et même s'écrouler.

Aujourd'hui, ma fée des forêts, c'est cette grande libellule verte, petite espérance qui vient de s'envoler pour d'autres canopées.

21

8 juin. 19 heures

Je sursaute. Cette fois, le sifflement n'est pas celui d'un loriot. C'est notre code. Le sifflement de notre amitié. Est-ce possible ? Eux ?

Pierre, Benoît, Florian. Trois de mes amis parmi les meilleurs débarquent chargés de victuailles. Ma femme a facilité la surprise. Ces trois mousquetaires ont suivi et aidé à toutes les étapes de mon installation agricole. Ils savent mes efforts.

Le banquet aérien commence avec l'étrange impression de ne s'être jamais quittés tout en ne s'étant pas vus depuis une éternité. En réalité cela ne fait que trois mois. Je leur offre entre les plats quelques instants vécus. En digestif, nous sortons prune et armagnac. Le mélange produit son effet. Nous chantons en tapant du pied sur le parquet. Les chants à boire montent avec l'harmonica. La cabane devient un cabaret. L'arbre danse. Tout en moi frémit de la délicatesse de ces amis venus noyer un peu de mes chagrins grâce à leur compagnie.

Le poids de nos retrouvailles ne fait pas tomber le chêne. À ces hauteurs, entre deux chants, nos propos sont libres. Nous croisons le fer, choquons nos verres et les mots. Le plaisir de n'être pas d'accord nous réjouit plus que celui d'avoir vraiment raison. Mes compères s'amusent de moi quand je m'emballe. Ils savent que je redoute deux types de pensées : celles toutes faites croyant détenir la vérité ; celles défaites croyant qu'il n'y a pas de vérité. Les deux ont les fesses dans un fauteuil club. L'esprit affalé ne cherche plus.

S'enforester permet à l'esprit de se tenir dans une juste inquiétude. Une paisible anxiété de la vie sans s'effrayer pour sa vie. Ici, le cul sur les branches, nous nous savons petits, ignorants des grandes choses. Nous ne sommes pas très spirituels mais après quelques verres de spiritueux nous devisons des mystères, sachant que jamais nous ne finirons de les saisir.

Chacun de ces amis a déjà goûté la simple vie des bois. Nous sentons que la vérité existe en forêt. Elle ne la détient pas pour elle mais la libère en nous quand nous couchons sous le double manteau des étoiles et des frondaisons, quand nous goûtons au feu des bivouacs et à l'eau des sources, quand nous croisons le regard d'un cerf ou la force d'un bourgeon.

Et ce soir, ces vérités que nous aimons se partagent dans un arbre au banquet de l'amitié, autant que le vin et le jambon.

2 heures du matin

Deux pipes tournent gavées de tabac brun. Mon observatoire devient fumoir. J'ai bien mis à sécher quelques feuilles de bétoine trouvées aux environs mais elles ne sont pas encore prêtes pour être fumées.

Quand l'enivrement s'estompe, quand le souffle des chants et des débats diminue, l'esprit de la forêt nous enveloppe. Ma cabane se fait dortoir. Une brise veille sur notre sommeil et ne manque pas de dissiper au loin les vapeurs alcoolisées de nos ronflements.

Dans un demi-sommeil, je rêve d'une petite fraternité sylvestre comme ce soir. Les retrouvailles informelles auprès des arbres, eux aussi membres, débuteraient par de la poésie. Sans doute quelques vers de Victor Hugo lanceraient-ils les premières : « Toute idée, humaine ou divine, qui prend le passé pour racine a pour feuillage l'avenir. »

Au matin, mon songe s'enfuit avec les amis qui quittent la forêt. Je les regarde s'éloigner. S'il existe d'autres hommes qui ressemblent à cette poignée, je suis prêt à redescendre parmi eux. L'humanité nous atteint toujours par l'amitié de quelques-uns. Et c'est presque l'aimer toute que d'en aimer vraiment certains.

15 juin

Un champignon sur une branche morte a profité de l'eau du ciel et de la chaleur pour éclore. Un amadouvier. Un de ces vautours des forêts qui se nourrissent des carcasses des arbres. Il est sorti en deux jours, comme une bulle, ce polypore. Il fait du bois mort son repas et de ses restes un terreau fertile pour le bois vert.

La pluie d'il y a quatre jours m'a également offert le déjeuner. J'ai récolté à la lisière de mon royaume, là où commence le règne des châtaigniers, une cinquantaine de girolles. Sur le feu de la cuisinière, je remue les petites lamelles orangées de ma cuillère en bois. J'ajoute de la fleur de sel. Elles rougissent devant la flamme en rissolant tendrement. Voilà une chose éphémère et sérieuse : des chanterelles tombées du ciel dans ma poêle. Champignons : la manne du dieu forêt, un baiser sur les lèvres donné par une sylphide.

Me régaler de la forêt ne règle pas tous mes différends. À hauteur d'arbre je perçois que la vie tient souvent à deux craintes légitimes : la peur de manquer consolée par l'excès de confort, la peur d'être écarté du groupe consolée par l'excès de conformité. Ces peurs reptiliennes sont les ailes du dragon. Il faudrait savoir les affronter, leur passer le mors et la bride, pour devenir maître. En théorie. Goethe me réplique illico : « Mon bon ami, la théorie est grise, mais vert et florissant est l'arbre de la vie. »

Je suis loin, c'est vrai, d'avoir vaincu mes peurs, mais je crois pouvoir dire que je me suis vaincu.

ÉTÉ

22

21 juin

Les feuilles butinent les rayons de lumière, l'arbre en fait son miel. Le chant des cigales couvre le vrombissement des abeilles. Le soleil chauffe les jours comme un four. Je rôtis. Seules les nuits restent fraîches sous les frondaisons. Je dors toit ouvert. Les branches me laissent encore une fenêtre pour voir les astres. Ces mois dans l'arbre ont réduit la distance entre eux et moi. J'ai dans le ciel quelques étoiles familières. Celles des bergers.

Nos corps, dit-on, sont composés de poussières d'étoiles. Mon être leur appartient autant que je me sens résonner avec l'écho des arbres, avec l'écosystème.

Des lézards logent sous mon parquet. Quand je déplace un objet ou pose la bassine de zinc sur la terrasse, ils en font le tour, grimpent dessus, observent. Les bêtes dites sauvages sont de nature intéressées. Je n'ai plus l'impression de les déranger, plutôt de les intriguer.

Les allers-retours nourriciers des passereaux se sont effacés aussi simplement que leur ramage.

Les mésanges et les sittelles nées de la saison ont une habileté qui leur permet de satisfaire leur curiosité. Moins timides que leurs parents, elles me saluent. Les jeunes mésanges volent en bandes de cousins s'amusant dans les rameaux. Certaines, téméraires, traversent la cabane quand j'ai le dos tourné au bureau, réclamant quelques miettes au nom de nos liens forestiers. « Nous sommes du même sang toi et moi », semblent-elles me dire, façon Kipling. Nés du même printemps, à même hauteur, dans les branches voisines. Peut-être ont-elles raison ? Je ne suis plus dans la forêt. Je suis la forêt et la forêt est en moi.

Nous devrions être jaloux de la verdeur des arbres. Ils savent en vieillissant rester toujours jeunes. Ils portent en eux le principe de la vie éternelle. Jamais de sénescence et toujours la jouvence qu'enviait Chateaubriand : « Les chênes réunissaient ce qu'on ne trouve jamais chez l'homme, la double beauté de la vieillesse et de la jeunesse. »

À chaque saison l'hiver les tient pour morts, et voilà qu'ils renaissent au printemps. Ils reprennent vie par des forces invisibles. Magnifique viridité. Chaque année le tronc fournit un peu plus de bois, le bois vert et l'aubier finissent par mourir vers le cœur. L'arbre s'épaissit et grandit vers la lumière grâce à ses cernes de croissance. C'est sur son bois mort et dur, produit par les ans, qu'il s'élève. Immortel.

Mon chêne grandit sur ses déchets, par ses excès. Il a la mort au cœur et la vie par toutes les extrémités, des radicelles aux ramures. De ses renoncements, il avance. Au lieu de chasser la mort, il l'enlace, elle se lasse. Il dessine un cerne et se hisse dessus. L'arbre, de ses morts successives, tire sa hauteur de vue et de vie.

15 heures

Les jours de solstice ont fait éclore trois lis martagons à vingt mètres du chêne. Ils éclatent de couleur, portant plusieurs fleurs sur une même hampe. J'écourte ma sieste et descends trouver ceux que j'avais identifiés.

Hissées sur de longues tiges au-dessus de la végétation du sol, les fleurs assument leur élégance. Leurs robes tombent vers le sol. Le sublime revêt souvent la simplicité. Les pétales poudrés de rose et de violet sont mouchetés de grains de beauté pourpres. Leurs cambrures à l'extrême laissent ressortir de longs stigmates encadrés d'étamines orangées. J'aimerais les faire danser.

Les fleurs ont échappé à la gourmandise des chevreuils. Les racines ont été épargnées du groin. Le cochon sauvage raffole de ces bulbes jaune d'or qui symbolisaient autrefois la puissance pour les guerriers. Ils les portaient sur eux, invoquant le dieu Mars pour les protéger, comme on portait des glands symbole de fécondité et de force. Pour échapper aux prédateurs, les bulbes s'enfoncent dans la terre pendant des années, vingt centimètres ou plus, avant de se décider à sortir. Ces lis soulignent l'ancienneté et l'excellente qualité du milieu forestier.

Ce soir à l'heure où la chaleur tombera, à l'heure sombre où le parfum des lis se fait plus fort, les petits sphinx viendront visiter les fleurs. Je dormirai déjà. Seuls quelques papillons peuvent aborder ces lis qui ne font pas entrer n'importe qui dans leur jardin secret. Les bourdons maladroits et autres insectes à dard ne peuvent s'y tenir tant les pétales sont retroussés et la fleur penchée.

En un vol stationnaire aussi gracieux que l'allure aérienne du martagon, les sphinx iront butiner de leur longue trompe. Sur leurs ailes battantes, le lis poudrera un peu de son pollen. Ainsi fardés, les sphinx porteront aux autres fleurs la bonne nouvelle de la fécondation d'un baiser papillon.

J'accueille les lis comme des empreintes laissées autour du monde par la beauté. Quand on approche ses traces, elle sollicite les splendeurs qui nous habitent. En savourant quelques miettes de la grâce, on y goûte tout entier.

Mais je sens pourtant que tout ne se trouve pas dans l'unique apaisement de la beauté et des forêts. J'aime l'arbre éperdument pour ce qu'il révèle, mais jamais je ne l'idolâtre en lui-même. Mon chêne n'est pas totem. À trop m'attacher à la splendeur des choses et des êtres, je pourrais oublier qu'elle n'est qu'une résonance visible des mondes invisibles.

Protégé et discret, le lis martagon n'est dans nos contrées pas si insolite. Mais ses couleurs vives, la taille de ses fleurs, leur majesté détonnent dans cette végétation de forêt rocailleuse. J'ai l'impression d'avoir trouvé un trèfle à quatre feuilles, un edelweiss au sommet d'un mont calcaire. L'élection naturelle. À quoi sert de courir l'aventure et le bonheur quand il suffit d'un arbre pour qu'ils accourent ? Et, quelques jours avant que je ne le quitte, mon roi des forêts a mis pour nos adieux un grand manteau couvert de fleurs de lis qui recouvrent ses pieds.

J'ai été profondément consolé par mon arbre. Mais le bonheur, n'est-ce pas d'accepter de n'être jamais absolument consolé ? La consolation des arbres atténue les peines mais ne les dépasse pas. Je vois bien que là se trouve un des secrets d'une paix plus intense. Apprendre à se détacher même de ce qui me réconforte. Arriverai-je un jour à cesser de vouloir être réconforté par l'instant merveilleux ?

J'aimerais partir à l'aventure, plus loin que la consolation, au-delà des arbres. Il y a un voyage que je voudrais entreprendre un jour, celui qui va plus loin que la beauté, au-delà des forêts. L'envisager me fait accomplir, par la force du chêne, le premier pas.

24 juin

Au jour des feux de la Saint-Jean, je descends de mon arbre après plus de trois mois dans ses branches charpentières. Je redoute cet instant. Renouer avec le monde et les hommes, tout en ayant appris un peu à m'en détacher.

Quand un arbre nous reçoit dans son intimité, au moment des adieux il faut le remercier d'avoir été son hôte privilégié. Les forêts donnent au printemps une fête naturelle en l'honneur du vivant. J'ai été leur invité, intronisé à la vie forestière.

Auprès de mon chêne, pas de grandes embrassades. Je pose les mains sur l'écorce. Lui qui m'a embrassé durant ce séjour, je l'étreins d'une accolade fraternelle. Front contre tronc. Je le remercie d'avoir couvert ma quête de ses frondaisons. Mon pouls pulse fort dans mes paumes. Il me semble sentir couler la sève. Dans ma poitrine, dans l'arbre, un seul cœur bat sous l'écorce et la peau. Sang et sève mêlés irriguent.

UN AN PLUS TARD

28 juillet

Je suis de retour pour quelques jours dans la cabane. C'est dans mon arbre que je veux écrire les dernières lignes. Mon refuge est en bon état. Je replace le bois de cerf tombé. Une latte de parquet a gonflé et éclaté. Pour le reste, tout semble en ordre. Le bois blond a pris des reflets gris. Quelques petites crottes sur les étagères. En secouant la couette, je déniche les responsables. Deux loirs ont élu domicile et profitent du toit. Ils sont chez eux.

Une année entière s'est écoulée depuis ce printemps suspendu. Un confinement mondial a eu lieu. Un virus, quatrième cavalier de l'Apocalypse, s'est ajouté aux plaies des hommes. Quand les poumons de la terre s'abîment, arbres et hommes toussent ensemble. Les forêts résistent. Pour combien de temps ? De plus en plus de récalcitrants à l'usure du monde ont recours au vert. Un réflexe salutaire s'impose : aux arbres !

J'ai planté, comme un acte de résistance, une vingtaine de chênes. Des truffiers. J'ai mis dans l'humus des forêts du passé quelques pousses pour les rameaux à venir. De quoi sobrement soutenir les miens et un peu de ces terres. Il faudrait offrir à ceux que l'on aime des bouquets d'arbres à planter plutôt que des fleurs coupées.

Je n'ai pas vraiment compris comment cela s'est produit. Les choses ont avancé plus loin que mes vœux. Les forêts se sont infusées en moi. J'ai rajeuni en un printemps. Se retirer du monde n'est pas vain, si l'on en retire quelque chose. Quel phénomène étrange que la visite du désespoir ! Et dire qu'il y a quelques mois encore je souhaitais disparaître. La vie m'a offert une branche pour me rattraper à elle. Par réflexe, sans doute, je l'ai saisie.

Je me suis réfugié dans ce chêne pour prendre un peu de hauteur. J'ai vécu lentement. J'ai goûté aux paroles sages des arbres et des feuillages. J'ai bu sans retenue aux sources de la beauté et des bois. J'ai reçu la part de l'arbre. Est-ce pour cela que je ne peux aujourd'hui en toucher un sans sentir l'univers ?

Je sais pourtant que le monde restera plus fort que moi. Mais je suis dorénavant, en moi, plus fort que lui. Il peut détruire la nature, il ne détruira pas la mienne. Comme un arbre ébranlé par la vie, j'ai eu la chance de ne pas sombrer dans la tempête. Je me sais d'une fragilité inébranlable. Qui peut vaincre celui qui s'est laissé vaincre par la vie ?

Aujourd'hui, j'ai emporté la corde qui me servait à fixer les bâches au-dessus du foin. Je la tranche en deux longueurs égales. Les attache à la branche qui supporte la terrasse. De cette longue charpentière qui surplombe le vide, les cordages descendent de six mètres jusqu'au sol. Deux trous dans un demi-rondin d'acacia pour faire une assise, quelques nœuds

ıaise et de cabestan, le tour est joué : une balan-
de cl en pleine forêt.
çoire es enfants me rejoignent pour goûter. Ils
L ouvrent la nouveauté et se disputent pour savoir
déco se balancera le premier. L'aînée établit que l'on
qui nmencera par les plus petits. Ils réclament que je les
con sse fort. Je ronchonne tout haut : « Je dois finir ce
pou e. » Et en moi : « Je dois tourner la page. » Ils me
livr plient de descendre de mon perchoir. J'obtempère.
sup en veulent toujours plus. Debout, assis, à deux. Les
Ils e les sifflent. La balançoire monte, vertigineuse,
cor nme un trapèze en pleine vitesse, rasant les chênes
com es hêtres. Je profite avec eux de l'ivresse.
et le Les marques de l'adversité cicatrisent. La tristesse
L a gaieté, si fortement liées, s'embrassent désormais
et l ieu de se chasser sans cesse. Je les laisse se balan-
au l ensemble dans ma forêt intérieure. Que le malheur
cer le bonheur m'atteignent, cela m'importe bien moins
ou l autrefois. Ils sont trop intimement liés. J'essaye
qu'a ormais, comme les racines et les rameaux, de les
dés ourager si loin en moi qu'ils me fassent pousser. Il
enc semble que je me porte mieux en imitant mon chêne.
me ancer comme un arbre par les extrêmes, en poussant,
Av plus haut niveau de soi, le chagrin et la joie.
au

Ouvrage composé par
PCA 44400 Rezé

Imprimé en Espagne par Liberdúplex
en septembre 2023
N° d'impression : 112073

POCKET - 92, avenue de France, 75013 Paris

S32006/03